STYLE

STYLE

# 在異國餐桌上旅行。

跟著食物旅行家遊走世界，
與當地人同桌共食，聽生命故事佐餐

張健芳——著

感謝我的家人朋友，你們是我自己故事的原點，特別是我的母親——周錦梅女士。

感謝仁慈的陌生人，一路上用飲食和故事豐富了我的旅程。

# 目錄

推薦序 1 ——

# 走進異鄉人的生活，讀取他們的生命篇章。

高琹雯

一口氣讀完這本書後，我有兩個感想。

首先，原來我上當了！以吃為名，健芳把我騙進了此書，書裡頭沒寫多少美食，但我一點也不失望。我只是一頁頁讀著，流連忘返於她訴說的一個個故事間。

然後，我感到慚愧。究竟得擁有如何的勇氣、心性與觀察力，才能掙脫「觀光客膠囊」，走進異鄉人的生活，讀取他們的生命篇章？當我所謂的「美食旅行」只是在餐廳與餐廳間移動，健芳透過一杯茴香酒或一塊雪花牛奶糖，就碰觸到了一地一族最深刻的文化肌理，國仇家恨、時代變遷，藉由飲食巍巍開展，這格局，可不是餐桌所能承載的。

「告訴我你吃什麼，我就能說出你是什麼人。」這是十八世紀的法國美食家布西亞・薩瓦蘭（Jean Anthelme Brillat-Savarin）的至理名言。食物能告訴我們的事情可多了，食物由風土涵養，食物與血脈相連，食物裝填回憶，食物傳遞情感。

在其前作《一個旅人，16張餐桌》中，健芳就以食物作為引子，娓娓道來旅途中的人情味；本次新作，健芳的野心更大、角度更宏觀了，食物同樣是引子，但她欲鋪陳的是殘忍揪心的戰爭，或無奈辛酸的歷史。食物並不總是美好的，因為世界總會陰暗殘缺。

因此，我特別欣賞健芳這次的視角。她不怎麼著墨先進富裕的地方，而花費大篇幅書寫土耳其、伊拉克、庫德、印度等等，一般讀者不甚了解的「第三世界」；她也特別關注邊緣人，西班牙內戰的孤兒寡母，為伊斯蘭律法所逼而逃家的土耳其少女，遭受政治迫害的庫德族吟遊詩人（叮唄敘），全成了被健芳投射鎂光燈的主角。在她犀利透徹的文筆下，因佛朗哥獨裁統治而喪夫的伊莎貝「不拿繩子來上吊，而是成為像繩子那麼堅韌的人」；土耳其為消滅庫德語，「監禁一個叮唄敘，等於關閉一個圖書館，而處決一個叮唄敘，等於直接放火燒掉」；「神聖光環就像雪花牛奶糖上的銀箔一樣，只是一層薄薄的矯飾」，在印度難以被歸類為男或女的「海吉拉」，實在處境堪憐。

讀著讀著，即便我沒喝到酥油茶，也沒吃到鹹派，卻品嚐了人生況味。這正是健芳從異國餐桌帶回來的禮物。

推薦序2——

# 餐桌上的旅行一定要學也要問。

藍白拖

以前一個人旅行的時候，食物一直不是最重要的選項。

我在中國成都可以連吃一個星期的包子配豆漿；在印度吃中式炒麵；在法國吃棍子麵包配白開水……。這一切都只是為了省錢，讓我有更多旅費走下去。

一隻活在荒野的狼怎麼可能會挑食？說不定為了生存還可能吃掉同類。

現在回想起來還真有點可惜，當時沒有深入了解食物文化。後來讀了一些書才知道，一道菜意謂的不只是色香味而已，其實背後還有許多美麗故事與重要歷史人物，甚至某些無法跨越的文化隔閡，透過食物都可以一一化解。

曾經有位旅人朋友在青年旅舍遇見一位義大利人，但對方一句英文也不會講，兩人只好各忙各的，直到他們在廚房相遇時，我朋友碰巧做了一道臺灣菜，並主動請對方吃，他吃完後立刻蹦出「媽媽咪呀」，兩人馬上比手畫腳交流起來。

去年我帶著老婆和孩子到清邁生活一個月，那時想盡辦法要認識當地人，並請對方教我們做泰國菜。經當地朋友介紹終於找到，我們備好菜並騎著機車（車是租來的）去對方家學做菜，最後變成老婆在學，我則照顧小孩和拍照記錄。

那位當地人很熱情，只會說泰語，明明知道我們聽不懂還一直說，所以我們只能看著他的臉部表情，來判斷他想表達的語言，好比魚露放太多，他會一臉生氣阻止我們；如果火開太小，他會一臉擔憂把火轉大。

過程中，附近鄰居看到我們幾個外地人相當好奇，還陪著一歲多的兒子玩耍，我從頭到尾都用微笑在打招呼，不會因為無法溝通而感到焦慮，之前的旅行經驗教會我，沒有什麼語言比微笑更有力量。最後整個做菜過程都像演默劇，老婆竟然還學會打拋豬、冬蔭功（泰式酸辣湯）、蝦醬空心菜。這時突然覺得語言是一種多餘的溝通方式，人與人相處其實可以很簡單。

現在和老婆討論旅行計畫，都是先以食物為中心點，若去韓國想學做泡菜、去越南想學做河粉，至於當地的建築文化或山水風景像是半徑，透過一圈又一圈的日常生活，開始融入不同位置的土地，感覺只是換一個地方做菜，換一個地方睡覺，換一個地方呼吸，內心彷彿變得更平靜與安定，套句佛家話叫「圓滿」。

這本書教會我，餐桌上的旅行一定要學也要問，因為這是一門學問。

自序——

# 在食物的味道中，引發生命深層的共鳴。

食物的故事，就是人的故事。

比起眾多懂吃擅廚的美食家，我嘴笨手拙，不敢自稱是飲食作家。在閉眼也能精算細數班機、旅館、餐廳、菜色的旅遊達人面前，我太隨遇而安，不夠格當旅遊作家。

不過，我願意是一個說故事的人。

曾聽圓山飯店的侍者講得一口好菜，他們的江浙甜點紅豆鬆糕，當年連蔣宋美齡也愛吃。

這時我腦中蹦出的畫面是一個發福的胖阿姨，既想貪嘴多吃一塊糕，又要顧慮腰身小腹，怕在國宴上婀娜多姿的旗袍，繃得像條金華火腿。

哪個人不是愛美又愛吃？她的形象頓時人性化不少。

於是我知道，鍋子裡悄悄烹煮的食物，能反應一個翻天覆地的時代。吃喝是人類的共通經驗，只要把個人飲食嵌入當時的情境，這個故事就會鮮活起來。

就算天涯海角，時過境遷，語言文化隔閡，也讓人聽得津津有味。因此我得以披著旅遊飲食的外衣，骨子裡寫的卻是國際政治或宗教衝突。

每個人在還不了解人生之前，就得開始自己的人生，其中的徬徨困頓或狂放歡欣，交織成一個巨大的謎團，不論身處世界哪個角落，我賴以抽絲剝繭的唯一線索就是飲食。

抱著一肚子的好奇心，在茶飯間隨口詢問，我總聽到很多故事，世事如煙，回憶已成過往，但藉由飲食，常有機會開啟一道窄窄的門縫，嗅聞從另一個時空飄過來的味道，觸動彼此生命深層的共鳴。

食物竟然能乘載那麼多情感，每每讓我驚嘆不已。

在我寫完本書後，細細爬梳，才發現很多故事的背景都是外在的困境——西班牙內戰、二次世界大戰、柬埔寨內戰、土耳其庫德族區動亂、伊拉克戰爭；不然就是內在的認同危機——性向上的、宗教上的、傳統上的、政治傾向上的。

當你熟悉的一切分崩離析，天搖地動，萬物傾頹，只要你留著一口氣，肚子就仍然會餓，於是生命直接回歸到最簡單的需求——尋找食物飲水，吃下去。

如此而已。

如果你還想活著的話。

藉由分享食物，人們交換善意，在什麼都沒有的荒原守護最後一絲歸屬感，韌性而頑強地過著小日子，一天挨過一天，然後，不管什麼七災八難，莫名其妙也就挨過去了。

人類是唯一會生產食物，運送食物，製作食物，烹飪食物，分享食物，保存食物的物種，我們吃吃喝喝，我們笑掉大牙，我們哭斷肝腸，在上頓飯和下頓飯之間，作戰或是做愛，建造核子彈或是研發癌症新藥。

怪不得世道險惡時，食物總是那麼刻骨銘心。而天下太平時，尋常人家的簡單家常菜，是如此安頓身心。

書中的人物有些在我的Facebook上，天天打招呼，但大多相忘於茫茫人海。我們藉由一頓飯或一杯茶，人生得以交錯幾小時。

這種機緣需要時間，更依賴陌生人的巨大善意。我必須慢下腳步，和當地人相處，結交具有英語能力和當地知識的朋友，然後飲食文化的底蘊就會自我揭露。

接著將零碎的口述回憶寫成故事，更耗盡想像力和聯想力，還要閱讀一大堆資料。寫小說講究的是情理之內、意料之外，但真實人生卻是一齣荒謬劇，充滿天外飛來一筆的轉折和衝突，夾帶著殘酷的幽默感，老天爺從不講道理。

「真實人生總是比小說還要離奇。」形形色色的大千世界，光怪陸離的人生片段，遠遠超過我的想像極限。在我聽了半信半疑或拍案叫絕之時，又再一次深深頓悟——世界上七十一億人口就有七十一億種人生，我所熟悉的生活只是其中一種罷了。

然後，感謝每個曾經和我吃過飯、說過話的人，一路繼續騙吃騙喝，視野漸漸開闊起來。

# 西班牙：星期天的兔肉大鍋飯。

古今中外，只要是切切剁剁煮成一大鍋的料理，前身應該都不會太高貴。西班牙大鍋飯一開始是由一搓鹽、一杯豆子、兩顆青椒、三把米，將手上的殘餘食材湊合湊合的窮人食物。

我在西班牙南部的小村子學到一點，要判斷一個家庭和不和樂，只要看他們每個星期天中午是不是全員齊聚吃大鍋飯（paella）就知道了。

每個傳統主婦的廚房裡都有一整套的大圓淺鍋，兩份人、四人份、六人份、十人份……一直到二十人份，從小排到大，平日像俄羅斯娃娃一樣，一個套一個疊在一起，星期天早上上完教堂，就照用餐人數來挑適合的鍋。

為了配合大大小小的淺鍋，還備有幾個尺寸不一樣的爐頭，瓦斯管接到一桶額外準備的瓦斯上。

人數一多，鍋子甚至比咖啡桌還大，廚房飯廳空間不夠，就非得拿到院子煮不可。

古今中外，只要是切切剁剁煮成一大鍋的料理，前身應該都不會太高貴。西班牙大鍋飯一開始是由一撮鹽、一杯豆子、兩顆青椒、三把米，將手上的殘餘食材湊合湊合的窮人食物。

吃肉也分三六九等，屠夫將整塊的體面好肉留給中上階級燒烤，用銀製刀叉切來吃，而零散的碎肉下鍋和蔬菜穀物混煮，讓下層階級用木湯匙吃。

所以大鍋飯裡面加的，當然是小塊的雜肉。

在臺灣大家都以為西班牙大鍋飯不外乎是海鮮，紅通通的大蝦在番紅花染黃的米飯上張牙舞爪，好不鮮豔顯眼。其實，在西班牙，肉類大鍋飯反而才最常見。特別是貧困的內陸地區，以前什麼都沒得吃，非得農閒時去野外獵兔子才知肉味。

稻米最早由伊斯蘭教徒從北非傳入西班牙南部的安達路西亞，當地炎熱，只要開挖水渠，就能開闢水稻田，因此稻米自古是非常普遍的穀物，平民小老百姓也吃得起。番紅花的使用甚至能一窺傳承自北非香料飯（pilaf）的歷史淵源。

稻米後來傳入義大利，稀有高貴，義大利燉飯早期是貴族的珍饈，食譜才能如此豪奢，又是奶油又是牛油的，沒有西班牙一煮一大鍋眾人分食的鄉野豪氣。

這是個三代同堂的家庭。賽塔奶奶像女族長一樣，兒女環繞，坐擁一個超大的廚房，照看成群的孫兒孫女。和賽塔同輩的還有璜舅舅。

說來真難為老人家，賽塔奶奶可能一輩子沒見過亞洲人，而我竟然從天而降，在她的廚房裡鑽來鑽去，從記憶深處挖出一些日久生疏的西班牙文，問東問西。

現在的人懶，不獵兔子了，星期天一大早，賽塔奶奶帶著我一起去附近鄰居家買兔肉。我來這裡沒幾天，在小村子已經是紅人。

街坊鄰居閒話家常，賣兔子的胖大嬸腰圍寬闊，穿著一件花裙子像披著床單，先誇我長得像東方娃娃（？），再絮絮叨叨訴說她婆婆的病況，末了終於回到生意上：「活兔子一隻七歐元，死兔子一隻八歐元。」

我心中盤算，直想尖叫：「多加一歐元，就幫你把兔子從寵物變食物……」

「這就像去市場買雞呀。既然能吃雞，為什麼不能吃兔子呢？」我一直催眠自己。

我們提著沉沉的袋子回家，裡面裝了兔子，像剝了皮的貓，睜著紅紅的眼，露出粉紅色的皮膚。等到賽塔奶奶回家拿出大菜刀，把兔子剁成一塊一塊的，頭殼還分成兩半，我就快昏倒了。

我躲到客廳去喘口氣，璜舅舅看了我的反應：「兔子，呵呵呵……以前我還和我爸爸拿獵槍去野外獵兔子呢。然後當場剝皮，在院子煮大鍋飯。那種香呀，家兔的味道怎麼能跟野兔比。」

人老了，記憶也跟著衰退。老人通常沒印象今天早餐吃了什麼，一腳早已進了棺材，閉著眼睛卻能回憶童年的味道

大鍋飯煮起來很豪邁，很有幾分臺灣人炒蛋炒飯的家常隨意。賽塔奶奶打電話招集兒孫、掐起手指數了數中午吃飯的人數，一支合適的大圓扁鍋被挑了出來。

她將那隻早上還皺著鼻子嗅嗅聞聞的兔子先在油鍋裡炸一炸，然後放在另一個鍋子裡加水用小火熬煮。

從角落的籃子底部掃出幾顆番茄、青椒紅椒黃椒，兩把豆子，一顆洋蔥，幾瓣蒜頭，和幾條醜醜短短的黃瓜，我被叫去一旁料理這些蔬菜。

先起鍋爆香，加入蔬菜拌炒，然後再緩緩倒入整鍋兔子高湯和兔肉，加入幾絲番紅花，調味，最後才撒入幾把米，等湯汁緩緩收乾，米飯呈現美麗的黃色。

「以前番紅花很貴。」賽塔奶奶說。

等到大淺鍋香味飄散，那隻兔子抖著長耳朵的萌樣，就被我擱到宇宙的黑洞裡了。

大家人手一支叉子，圍著大鍋飯團團坐下時，我還在愣愣地等盤子。

「我們吃大鍋飯時不用盤子的，每個人就直接用叉子挖最靠近自己的部分吃。鍋底的鍋巴焦香濃郁，最好吃了。」

「喔……那倒省了洗盤子的功夫。」我說。心想原來西班牙老話裡「同一個鍋子（盤子）吃飯」（有點像中文「同穿一條褲子」）的語源，就是這麼來的吧。

飯後，男人拍拍屁股，作鳥獸散，懶洋洋地去睡午覺，剩下女人收拾餐桌。艾娃是賽塔奶奶最小的女兒，她示範如何不用洗碗精，只用熱開水清洗鐵鑄鍋，洗後在太陽下曬乾，再上油，整組套鍋一起收入儲藏室，下星期日再拿出來用。

「你給我過來擦桌子！」艾娃青春期的女兒對埋頭打電動的弟弟大吼。

「這個家的男人呀……個個都流著大老爺的血……」艾娃搖頭笑著說。

「唉……就算不流著同樣的血，也是一副大老爺樣呀……西班牙男人全是沙豬，什麼都不做，只負責吃，沒救了。」小女生憤憤不平。

「不見得啦……以前璜舅舅最喜歡煮大鍋飯了呀。」艾娃說。

艾娃跟我說，其實在戶外煮大鍋飯通常是男人的活兒，只不過今天早上全村的男人都被抓公差，去建奔牛慶典的木製圍欄和看臺，好滿足被公牛追著跑的瘋狂渴望。

「喔，所以在璜舅舅癡呆之前，大鍋飯一直都是他煮的？」我問。

她低聲跟我說璜不是賽塔的親兄弟。「因為璜舅舅小的時候，被我的外公外婆收留。」

「為什麼？」

「璜的親生父母死在空襲裡，西班牙爆發內戰，馬德里當時有很多這樣的戰爭孤兒需要疏散，所以有些家庭會自願收留孤兒。」

賽塔奶奶回憶道：「璜剛來的時候，一個字都不講，把自己關得緊緊的，就像顆固執的蛤蠣一樣。」

賽塔的母親伊莎貝和父親培德羅，在燈下告訴她們三姊妹：「馬德里會送來一個男孩跟我們一起住，你們就當作多一個哥哥就好了。」

小小的璜剛從大火中被救出來，驚嚇過度，連髮梢都燒焦了，臉上煙灰沒人幫他洗一洗。

「你會用獵槍嗎？」培德羅蹲下來擦乾淨璜的臉：「我有三個女兒，一直想要個兒子一起去打獵。」

培德羅帶著沉默的男孩走進森林裡，「野兔。我們去獵野兔。」

「這片森林是地主爵爺的領地，所有的雉雞呀兔子呀鹿呀，只能留給他高貴的肥肚子。」

「你知道他多胖嗎？胖到沒有馬載得動他……哈哈哈……不騎馬怎麼能自稱是貴族紳士呢？」（西文中的「紳士」和「騎士」同義。）

「我們以前不能在這裡打獵，私獵被逮到就等著吃牢飯。方圓百里的幾個村子都是爵爺的財產。這裡幾千個人都是他家的佃農，世世代代幫他舔靴子，喔媽的，真是天大的恩惠！」

「爵爺在共和政府當政前，早夾著尾巴躲到巴黎去了。我們現在才能在他的土地上打獵。」

「接下來，接下來不知道是什麼世道呀。唉……」

培德羅和璜有一搭沒一搭講話，璜只聽不回答，這些政治難題本來就沒人能回答。

不像鄉下，首都馬德里的都市居民沒有土地可以隨便種些馬鈴薯吃，在內戰期間，居民不只挨子彈也挨餓。

璜許久沒在野地裡奔跑，野兔的後腿強健矯捷，耳朵修長，當璜扣下板機打到第一隻野兔時，遠遠看到野兔倒地，便跳起來歡呼。

培德羅拾了兔子回家，教璜怎麼剝兔皮，清理內臟，當璜學會煮兔子大鍋飯，他終於慢慢開始講話，彷彿重新活了過來。

我對艾娃說：「你外公外婆人真好呀。」

「對呀。但我出生前我外公就去世了，我沒看過他。」

「所以璜舅舅小時候從馬德里搬過來，就一直住這裡？」

「不，不，不到幾年，我家沒辦法繼續收留璜舅舅。就把他送走了。」

「發生了什麼變故嗎？」

「唉……佛朗哥靠著槍桿子打跑了共和政府，保皇黨得勢，我外公培德羅被捲入地主爵爺的秋後算賬，關進牢裡等槍斃，死在逃獄的路上。只剩我外婆拖著三個年幼的女兒。」

我說：「所以不得已才把璜舅舅送走？」

「沒辦法，養家重擔頓時壓垮了我外婆，多一張嘴，寡婦實在養不起。聽說，那個新家對璜舅舅很不好，虐待沒爹沒娘的孩子，璜舅舅十三歲不到就外出奮鬥了，跑回馬德里在鬥牛場叫賣涼水攢錢，後來自己做小生意。」

「那個時代，大家都苦命呀。」我嘆道。

「璜舅舅離開了我們家，還是跟我媽媽賽塔繼續保持聯絡，一直到今天。後來退休了，兒女也獨立了，璜舅舅乾脆買了附近的老屋，帶著老伴從馬德里搬了過來，總來我們這吃星期天的午餐，沒人敢跟他搶大鍋飯的主廚位子。」

「所以日久他鄉變故鄉了。」

「後來真的老了，他忘了很多，最後什麼都忘了。他以為這裡就是他的故鄉，他在這間屋子出生，賽塔是他的親姊妹，我的外公外婆是他的親爹娘。腦袋迴路不知怎麼接錯線，他把他在馬德里的童年全部移植過來這個小村子了。」

「這麼方便呀……」我想。

這樣也好，反正他的家人全在馬德里大轟炸中喪生了，人事全非。佛朗哥和德國納粹聯手幹的好事。

一開始賽塔奶奶一家人只覺得奇怪，璜舅舅講話怎麼顛三倒四，後來知道是老年痴呆，他們將錯就錯，索性請整個村子裡的鄉親也一起演戲配合。在不怎麼用親屬稱謂的西班牙，自家小輩也叫沒有血緣的人一聲舅公。

於是璜舅舅就憑空換了一個故鄉。

璜舅舅陷在記憶的迷宮裡，他的臉皮像被抽乾水分的橘子。生命中有些難關很窄很險，只容自己側身而過，他度過難關，然後超越了、遺忘了，將一切都拋在後頭。

如果你過去的經驗塑造了你，那一旦失去記憶，你還是原來的你嗎？

他的童年回憶被時代的巨輪輾成碎片，泛著老人斑的手發抖拾起來拼回去的，卻是在這裡獵野兔、煮大鍋飯的快樂片段。

心理學大師榮格（Carl Gustav Jung）主張每個人心裡永遠住著一個小孩，而璜舅舅心裡的那一個小男孩，常常溜出來玩耍，興高采烈。

我跟著艾娃帶孩子去溪裡玩水，璜舅舅呵呵笑說他小時候也從同一棵老樹上跳到水裡，「撲通」一聲濺起好大的水花。

細水長流，彷彿他從沒離開過。

悠悠河水從來不流第二次，但那股一樣的沁心涼意，七十多年前安撫了他對葬生火窟的家人的悲慟。

他的腦袋像一片打破的鏡子，他遺失了父母死於戰禍、自己初次被送來一副喪家之犬小可憐的碎片，以及被第二個寄養家庭虐待的碎片。

遺忘是歲月給老人的禮物。

因為少了這些殘酷的碎片，才拼出另一面圓滿的鏡子，反射上帝的祝福，一張老臉竟映照出童顏。

隔了幾天，我們去教堂參加一個遠房堂兄的初生孫兒的受洗禮，正好傳來兔子人家的高齡祖母去逝的消息。

賽塔奶奶一家穿戴整齊，去喪家致意。璜舅舅和我坐在大樹下，他望著遠方，突然喃喃自語：「還是村子好，生老病死，斯土斯民。」

「對呀對呀。」我隨口應道。

「哪像馬德里，什麼都拆光了。誰都不認識誰。」璜舅舅脫口說。

小男孩突然跑得無影無蹤，剩下一個滄桑老人的口吻。我這才恍神過來：

「馬德里？馬德里？」

「等等，等等，你口中的馬德里是你白手起家的那一個，還是你小時候倉皇逃離的那一個？」我想問：「你不是全忘了，才把這裡當成故鄉嗎？」

璜舅舅搓著雙手，小聲囁嚅，神情有點像偷吃餅乾被抓到的小孩，老人家一耳背起來，可真是天下無敵。他那麼剛好聽不懂我的西班牙語，我也沒辦法說他在裝傻。

接著是出殯，塵歸塵，土歸土，一群穿著黑衣的男男女女在家族墓地裡，為一個老人的生命畫下句點。

「一個人選擇在哪裡死去，哪裡就是他的故鄉。」我一直在想，他是不是有時候會清醒過來呢？

是不是其實他能回憶自己的身世，卻發現村人在合力編著一個白色謊言，就很隨和地繼續糊塗下去，享受這個用善意打造出來的假故鄉。

人性永遠有殘酷黑暗的一面，但總不缺乏一絲溫情。

就是這一絲溫情，讓多年前一個貧困的家庭在狂風暴雨之際，打開胸懷將一個陌生的孤兒納入羽翼，庇護他直到自己的翅膀也被時代無情的風暴折斷為止。

就是這一絲溫情，點亮了黑暗中的一盞燈，在不能再壞的時代，指引這個孩子長成一個不算太壞的成人。

就是這一絲溫情，讓這個孩子多年後垂垂老矣，忘記了兒時一切苦澀，只記得兔肉大鍋飯的滋味。

# 西班牙：橄欖樹的眼淚。

細長的橄欖葉反射著豔陽，天空彷彿下著火雨，伊莎貝背著簍筐，先在樹下鋪一層布，再用細耙子把枝葉上的橄欖梳到地上，孩子們彎下腰將橄欖撿到簍筐裡。每滿一簍，伊莎貝就送到村裡的榨油作坊製作橄欖油。

數十年後，賽塔奶奶回憶她的媽媽伊莎貝，還是只有一身黑衣。

壓制財勢雄厚的世家貴族和天主教會、支持佃農應該擁有自己土地的共和政府在內戰後倒臺，流亡海外，西班牙進入長達四十年的佛朗哥獨裁統治，對原本支持共和政府的人大肆進行秋後算帳。

賽塔的爸爸培德羅被捕下獄，他寧願死在逃亡的路上也不要死在勞改營裡，當他快逃回家門口時，被同村的牧羊人從背後一槍斃命。

村人搖搖頭，地主爵爺也真夠狠，卻又點點頭——那筆賞金畢竟很誘人。富人唯一喜歡窮人的一點，是他們只需出個零頭就能引誘窮人出賣靈魂。肚子餓的時候，鑽石般不朽的靈魂融化得比太陽下的冰雪還快。

成了寡婦的伊莎貝，為了對村人表示自己的憤怒，就算守喪期早就已經滿了，還是一直披著黑紗。

這是風聲鶴唳的孤絕中，孤兒寡母唯一的抗議。

天主教墓園拒絕收這具瀆神背德的叛徒的屍體。睜著眼睛的培德羅還沒下葬，地主爵爺就來了話，把他們家歷代承租的耕地收了回去。

每扇門後都可能站著偷聽的人，每張嘴都可能表面笑著問候，背地卻去告密。那些沉默的日子，沒有人能相信另一個人。

伊莎貝茫茫四顧，要怎麼過活呢？

還好仍有好心人暗地相助，在橄欖收成後，願意讓伊莎貝帶著三個沒爹的女兒去園裡摘剩下的橄欖。

他們事先吩咐工人第一次收橄欖只能用最粗的耙子，才能刻意留下最多橄欖給她們。

細長的橄欖葉反射著豔陽，天空彷彿下著火雨，伊莎貝背著簍筐，先在樹下鋪一層布，再用細耙子把枝葉上的橄欖梳到地上，孩子們彎下腰將橄欖撿到簍筐裡。

每滿一簍，伊莎貝就送到村裡的榨油作坊製作橄欖油。村子裡的老規矩是，作坊老闆卡洛斯有權扣下一小部分的油當作他的酬勞。但卡洛斯給伊莎貝的油，每次都沒有減掉自己應得的報酬。非但如此，暗地裡還多給了不少油。

伊莎貝看在眼裡，每當想開口詢問，卡洛斯總是滿口稱讚，把話插了過去：「你們帶來的橄欖品質真的很好……出了很多油……」

伊莎貝不在人前哭泣，於是橄欖樹幫她流盡了眼淚。生存比自尊重要，一個單身母親肩上的擔子已經夠重了，她負載不起驕傲。卡洛斯知道人言可畏，他能做的就是這麼多了。他也是個傷心人，苦命的妻子生產時發生意外，從此瘋瘋癲癲，長年臥病在床，宛若幽靈。

離開製油作坊，伊莎貝空蕩蕩的心和油罐有一瞬間都是滿的。

天下大亂，貨幣不穩定時，實際的物資比廢紙般的鈔票來得可靠多了。油是

日常必需品，人人都吃油，既可以保存，不易變質，又能精準度量，公平公道，因此老一輩的西班牙人把橄欖油稱為「綠金」，或是「綠錢」，在民間具有準通貨的地位。

農婦的日子再怎麼困難也能守著一方土地，種植作物，養活幾個嗷嗷待哺的孩子。伊莎貝失去了土地，她已經不能務農為生。

可憐的璜在內戰中失去所有家人，伊莎貝和培德羅收留了他。這下她連自己親生的孩子都餵不飽，百般無奈下把璜送去別的寄養家庭。

伊莎貝從最熟悉的田地上被連根拔除，她只好拿橄欖油換馬鈴薯，用水煮熟給孩子們吃。

她知道她必須用橄欖油換取食物和日常用品。而她的橄欖油就像沙漠裡的水一樣珍貴稀少。

在日復一日的斤斤計較下，伊莎貝漸漸發現同樣一升橄欖油，在這個村子只可以換到一袋麵粉，而在那個村子卻可能換來一袋半。

每個家庭有獨特的謀生方式與社會網絡。不同的村子間，甚至不同的人家，需要換的東西和願意接受的價碼都不同。

麵包店老闆娘私下常有賣剩的麵包，而她想幫即將上小學的大兒子張羅鉛筆盒和書包。

自然有一雙舊皮鞋在這戶人家棄若敝屣，對下個村莊的另一戶人家來說，卻是炙手可熱。

有人在都市的親友偶爾捎來兩疋布或是幾個罐頭，但缺的偏偏就是一臺縫紉機。

這些不起眼的需求和供給，讓伊莎貝大大的有利可圖。她背著她的橄欖油，背帶勒進她肩頭的肉裡，磨出厚厚的繭。

籮筐的背帶是用當地一種強韌的野草所編。伊莎貝記得以前老人會把草成捆摘來，放在太陽下曬乾，再潤溼編成繩子，常有人笑說這樣強韌的繩子用來吊人或上吊最適合不過。

伊莎貝不拿繩子來上吊，而是成為像繩子那麼堅韌的人。

當伊莎貝開始把橄欖油視為交易的媒介，而不是農產品，她沒有意識到她正慢慢從一個農人蛻變為一個商人。她再也不依賴實在的土地，而是依賴抽象的人際網絡。

卡洛斯看伊莎貝日日安步當車，長途跋涉，有天幫她弄來一臺腳踏車，教她騎車，補車輪、上油，讓她去更遠的地方。賽塔小小年紀就要姊代母職，還好卡洛斯常來照看她們有沒有飯吃，他身上總有初榨新鮮橄欖油的味道。

伊莎貝愈來愈早起，愈走愈遠，她不太識字，卻能用心記住方圓百里每個女人的許願清單，累積人脈，互通有無。沒有人能和她較量記在腦中的名字，伊莎貝挨家挨戶進到每個女人陰暗的廚房裡閒話家常，用自己的眼淚引出她們的眼淚，喚起她們對生活一絲卑微的盼望。

日復一日，她被時間和清單追著跑，以烈日下的汗水和腳底板的水泡積攢出一點本錢。到後來，伊莎貝甚至知道如何最快弄來一具划算的棺材，賺取傭金，那年頭到處都死人，這是搶手貨。

聽賽塔奶奶回憶她母親伊莎貝，我真覺得可惜了這麼一個金腦袋和交際手腕，若她生在今天，念ＭＢＡ畢業後，不知會多麼叱吒商場。

再怎麼不濟，去賣保險也應該年年進百萬圓桌論壇，成為人人稱頌的傳說。

一個女人在白色恐怖時期失去丈夫和土地，還能獨立養活賽塔和她兩個姊妹，也真是奇蹟中的奇蹟了。

「後來呢?」我問。

「後來,榨油作坊的老闆久病不癒的瘋老婆終於去逝了,喪禮後一年,他在我去拿油時,悄悄問我想不想要新爸爸。」賽塔奶奶說。

接下來,伊莎貝從卡洛斯那裡除了拿到橄欖油外,還有一束玫瑰花。

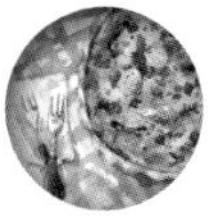

# 法國：鹹派享樂主義。

法國人之所以為法國人，是因為我們無時無刻都講究享樂的態度，但我們享受的，不見得是鵝肝或黑松露這種高檔美饌，就算只是區區一塊平凡的鹹派，也會專心致志去享受它帶來的滿足感，來回細細品味。

法蘭姬旅居海外，搬回故鄉才發現她的年金竟然被停掉了。

炎炎夏日，承辦的公務員渡假去也，鄉間的行政作業像無數個大大小小的齒輪，一個咬合著另一個，但是全部忘了上油。

從電子公文E化的角度來說，尚處於蠻荒的侏儸紀，只不過恐龍的驚天大吼，被辦事小姐幾句淡淡的「喔啦啦……您還欠缺某某文件……要先去某某處辦理……」所取代。

「那上次為什麼不一次說清楚？」我心想。

真佩服法國官僚連機車起來都那麼高雅，法蘭姬被逼急了也只能摸摸鼻子，直率地開罵是粗人的行徑，連提高音量都只會換來幾個白眼，然後火急火燎的申請文件直接被壓在成堆公文的最下面。

法蘭姬的文件夾被纖纖指尖推來推去，愈來愈厚，帳戶存款愈來愈少，眼看連加油的錢也困難了起來，二十年的老車又突然鬧起脾氣，法蘭姬當然沒預算修車，於是我們沒辦法去開車約二十分鐘的鎮上超市採買。

小小的村落裡，左右鄰居去渡假了，一時也沒便車可搭。法蘭姬望著空空的冰箱苦惱起來，說她這輩子從來沒那麼尷尬過。

我安慰她說：「隨便吃吃就好。」

「不行。我們法國人吃飯沒有隨便這回事。」

「真的不用麻煩了。我們臺灣人最青菜了。」

「你說什麼？」

「我們常配著電視、電腦螢幕啃便當，不用十分鐘就稀哩呼嚕吃飽了。」

法蘭姬把缺乏餐桌禮儀當成禮崩樂壞的文明大倒退，她像盯著入侵的蠻族一樣，滿臉不可思議：「我的父母常回憶在納粹占領期間，我的祖父母還能端前菜、主菜、甜點上桌呢。」

「怎麼可能？聽說那時物資缺乏，連糖都要配給。」我說。

「所以在每個點心盤上放四分之一顆的方糖，沾一點黑咖啡，就是甜點了。」

我們認真蒐羅了廚房裡的所有東西，有半罐果醬，牛奶盒裡有點牛奶，剩下一小塊牛油冰得硬邦邦的，還有一杯左右的麵粉，一根乾癟癟的香腸被遺忘在冰箱門的角落，兩、三顆蛋在蛋盒裡孤零零的，幾根蘿蔔和菠菜垂頭喪氣，以及前一餐剩下的烤雞肉和炒香菇，幾片起司比便宜旅館送的肥皂還小還破碎。

沒有紅酒，只剩一小瓶幾乎見底的白蘭地，瓶身滿是灰塵。

法蘭姬叫我去院子裡的菜園，看看還有些什麼，我帶回兩顆洋蔥，以及一顆生菜。

她環顧擺在桌上的食材，點頭說：「很好！這些夠我們做鹹派了！」

在法國，鹹派是最大眾化的食物，地位就像臺灣的炒飯一樣，豐簡由人，講究起來可以很講究，而應急時冰箱清一清，隨便什麼剩下的隔夜菜都可以加進去，是最親切的家常菜，堪稱「媽媽味道」的代表。

想當前菜也隨意，做主菜夠得體，又攜帶方便，冷熱皆可，沒有湯湯水水，野餐或屋裡吃都行。

她桿了麵皮，用牛油抹了烤盤，平鋪在烤盤裡，底部拿叉子戳了戳，把突出盤子周圍的派皮修掉，派皮厚厚塗了一層蛋白，盤裡壓了烘焙石，進烤箱烤。

在烤派皮時，我們把香腸切薄，下鍋逼出油來，再放牛油和洋蔥下去炒成金黃，接著加入切碎的蘿蔔和菠菜繼續拌炒，最後加了幾撮鹽和胡椒調味，盛盤。

打了蛋，加了牛奶，再把蛋液加入剛炒好盛盤的餡料中，然後把剩菜和起司切一切加進去，攪拌均勻，最後全倒入剛剛烤好的成型派皮裡，重新放入烤箱烤。

這下冰箱真的全空了。

不到十五分鐘，黃澄澄的鹹派烤好了，酥香撲鼻，繼續放在烤箱裡保溫。「鹹派微熱時最好吃，要外酥內軟。」

法蘭姬忘了連日飽受的官僚鳥氣，興致大好，話也多了起來。

「法國人之所以為法國人，是因為我們無時無刻都講究享樂的態度，」她一面挑選搭配的餐具一面說：「但我們享受的，不見得是鵝肝或黑松露這種高檔美饌，就算只是區區一塊平凡的鹹派，也會專心致志去享受它帶來的滿足感，來回細細品味。」

「不吝惜時間，運用全副心神，把最小的樂趣最大化。這才是法式享樂主義（French Epicureanism）的真諦。」她示意我去另一個櫥櫃找出成套的水杯和杯墊。

鹹派雖然好吃，不過在法國就像臺灣的蛋炒飯一樣稀鬆平常，如果我大言不慚地聲稱蛋炒飯是享樂主義的極致，那其他臺灣人一定會用鼻子哼哼，暗自搖頭：「你這隻井蛙真是太沒見過世面了。」

希臘羅馬時期的哲學家伊比鳩魯（Epicurus）說：「如果我剔除美食，剔除性愛，剔除美妙音樂，剔除因看見美好事物而產生的愉悅，我不知如何想像善。」他強調「愉悅是快樂生活的開始和目標」，震驚了一整票厭棄世俗享樂的哲學家同行。

「每一種善的起源與根基均來自於胃的舒適愉悅，甚至智慧和文化也與此相關。」聽在愛吃鬼的耳裡，「吃好料得永生」實在遠比「青菜豆腐保平安」受用。畢竟對以華夏遊船、珠寶衣冠、醇酒盛宴來宣示己身不凡的權貴人物來說，相信感官愉悅是終極的善，比禁慾苦修到嘴巴淡出鳥來，要政治正確得多。

看來如果他活在現代，最佳的職涯發展應該是去當米其林指南的編輯。而就像現代人拜倒在米其林的星光下，伊比鳩魯在整個地中海區都有熱情富有的支持者，影響力遍及古代的西方世界。

直到今天，伊比鳩魯還衍生出奢侈、縱慾、貪好享受的意思。

但若細究他定義的美好生活，立志追隨他的門徒一定大失所望，讓腰圍漸寬終不悔、崇拜侯布雄或杜卡斯的饕客們群起抗議：「包裝廣告和內容物不相符」。

當遍身金銀綾羅的貴族躺在燃燒香料的大理石浴池旁，舉行吃飽完催吐，吐完再繼續吃的馬拉松盛宴時，伊比鳩魯領著一群志同道合的親友們，在菜園裡種植各種蔬菜，遠離雅典的朱門酒肉，他的餐桌上只有蔬菜、麵包、橄欖，用清水來佐餐，一小塊乳酪就可以帶來最大的滿足。

「肚子並不像大眾所想像的那樣難以滿足。」、「一切自然的，都是容易獲得的；一切難以獲得的，都是空虛無價值的（不自然的）。」

他雖不直言反對美食華服香車大廈，但從不期望能從這等奢華的享受中得到長久的快樂。所以私心為了得到最終極的滿足，他反而專注在最簡單的事物上。

伊比鳩魯這種窮開心的生活哲學，仍然保留在現代的法國，尤其是人情悠閒的鄉村，吃飯不只是功能性的填飽腸胃，飽了就收工走人，最起碼得包括前菜、

主菜、甜點，以及超重劑量的辯論與八卦，和親友在桌邊消磨好幾個小時，抱著宗教般的虔誠，用酒水灌溉靈魂，用食物滋養肉體。

餐桌上只要充滿笑語，吃什麼雖然要緊，但不是最要緊的。

「能清楚分辨各種欲望的人，將會把身體的健康和心靈的寧靜當作一切選擇和規避的最高指導原則，並將這兩者視為幸福人生的總和以及最終目標。」

生命就該浪費在美好的事物上，伊比鳩魯以愉悅的感受來判斷一件事物是否美好。他認為世間的美好事物是友誼、自由、充實的精神生活，以及簡樸小屋桌上的一小碟乳酪。

法蘭姬交待我去院子摘櫻桃，綠的紅的都要，「別忘了在玻璃瓶插花。」我們甚至沒有醋，於是偷了幾顆隔壁鄰居樹上的檸檬，生菜撒上鹽和檸檬汁，一起吃能解鹹派的油膩。

沒有酒水飲料，加入剩不到半罐的果醬，擠了檸檬汁，細細削了檸檬皮，自製了一小壺檸檬水。自家種植的檸檬不撒農藥。

我們把桌子和椅子搬到院子裡，法國的夏天連太陽也很慵懶，晚晚才下山，傍晚的陽光溫暖柔和，讓人想學貓咪伸懶腰。鋪上雪白桌巾和飾布，然後餐巾、刀叉、玻璃杯、餐盤一字排開，中央的手拉胚陶罐閃耀著一大束向日葵。

綠櫻桃沙拉當開胃前菜，主菜是像陽光一樣燦爛的鹹派，賣相不輸糕餅舖架上的商品，甜點是修派皮時切下來的多餘麵皮，烤得酥酥的，再淋上白蘭地煮紅櫻桃，佐上一匙果醬。

只要不說，沒人知道這頓飯竟是清冰箱湊合出來的。這個餐桌漂亮得可以登上生活品味的雜誌封面。

生活品味？在臺灣，為三餐奔忙的窮人連生活都沒有，而吃飽撐著的富人買不到品味。

「Bon appétite（祝你好胃口）」法蘭姬切了一塊鹹派，放到我盤子裡，然後我們花了三小時切磋旅遊見聞，直到天黑點蠟燭也看不清對方的臉為止。

伊比鳩魯說：「一個讓自己滿足於簡單生活的賢人，更明白如何給予，而不是索取。」

這樣的賢人識行懂吃，精於營造出一桌無價的愉悅，卻不對食物勢利眼，盲目追求星星，崇拜名廚，甚少一聽到響亮名號就五體投地。

手頭再拮据，也能用剩菜整治出一個漂亮的餐桌，給予朋友一段快樂時光。

# 德國：千年臭起司和學生運動。

起司就是固態的牛奶羊奶，便於搬運和保存。這種臭起司應該發源自山牧季移的路上，古時候沒冰箱，牧人又珍惜食物，起司臭了也照吃，久了就變成當地特殊的口味。

在德國南部靠瑞士邊境的阿爾卑斯山北麓，仍有零星山牧季移的傳統。

牧人自古趁春天把牛羊趕上山，入秋之前再把牲口趕下山，沿路住山屋或搭帳篷，追逐豐美的水草，垂直放牧，善用空間和時間，避開平地的夏旱，是相當聰明的土地利用。

牧人卡爾老當益壯，一頭銀絲，仍有著大口啃黑麵包的好牙口，以及彷彿鈦合金做的超人膝蓋，常常「呵呵呵」大笑，像培養了跑馬拉松嗜好的聖誕老人。

我是隊伍裡最幼齒的人類（牛羊和剛滿一歲的牧羊犬不算），跟著走了半天山路，就快不行了。卡爾笑我腳軟是因為我只吃軟麵包的緣故。

在山屋邊休息時，我使出吃奶的力氣用小刀把黑麵包切片，再隨意削各色起司和香腸配著吃，卡爾閉著眼聽華格納，慢慢喝茶。

這是卡爾退休後的第二人生，他從都市搬到鄉村，買了一片地，修建廢棄的老農舍，放牧牛羊，政府按照土地面積和牲口數量，按時給他補助津貼。

德國人的算術很有趣，他們不只看卡爾的牛肉一公斤多少錢，羊奶一公升多少錢。這裡的帳是這麼算的——

農村保存本土文化，傳統生了根，有血有肉有靈魂，才有薈萃人文。

農人把數百年的老房子照料得像童話裡的木屋，觀光客不遠千里而來，就是為了看綴著牛羊的山景。

人民多吃農人安心生產的優質食糧，老了就少打針吃藥。多在大自然裡健行登山，就少住院復健。

農牧業涵養水源、照顧土地、潔淨空氣，讓都市人永遠有青山綠水的故土可依。

說穿了，就是那種子子孫孫能安居樂業的篤定感，讓你覺得生命之水像多瑙河一樣溫柔流淌著，從該來的地方來，到該去的地方去。

卡爾的生活方式所帶來的附加價值，維護了人之所以為人的尊嚴。家常日子平淡過的小確幸，建立在大是大非的決斷上，畢竟這些無形的產值從來無法表現在GDP上，除非腦袋像德國人那麼奇特才行。

處在山明水秀的絕景，我頓時悲從中來，哭訴臺灣的政策長期犧牲農業，任由小農在低價傾銷中滅頂，財團巧取豪奪土地，農村凋敝。

「政府覺得農業像雞肋，這年頭要大要新要快……一公斤米才值多少錢？有啥要緊……反正永遠可進口（基因改造甚至汙染）的外國食物。」我長嘆。

卡爾聽了，想了一下，開始跟我回憶六八年學運時，他們那一代把警車和採訪車都翻過來的那種叛逆和瘋狂。

末了丟下一句話，逕自走到下風處，「怎麼？你們這個世代，沒膽量捍衛自己想要的生活方式了？」

我有點氣悶，心想巴登伏騰堡邦（Baden-Württemberg）集中了賓士、保時捷、BOSCH這些國際大公司，經濟實力傲視全國，人在豪門好修行，卡爾怎麼會瞭解臺灣產業不上不下的轉型陣痛，稚嫩青澀的民主發展，國窮民弱，小農小工小商為五斗米折腰，自顧不暇，又哪來的公民參與？

無預警之下，我可憐的鼻腔突然被一陣驚人的臭味偷襲，吸入肺裡，咳都咳不出來。我摀住鼻子，屏息左看看右瞧瞧，懷疑是誰突然脫了登山靴，亮出臭襪子，或是廁所的門沒關好。

我甚至還抬起腳，檢查鞋底是不是在山路上踩到了大便或腐屍。

原來臭味竟然來自卡爾，他貴而重之，喜孜孜慢吞吞打開了一包剛買的手工起司，切了一塊放到嘴裡，閉眼享用，嘆息一聲，問我要不要試試。

「……？」我默不作聲，心想這應該是我在臺灣笑外國人不敢吃臭豆腐的現世報。

卡爾說：「這種臭起司可是很難得的，做工繁複，別的地方買不到。當地小作坊的師傅願意下功夫保留傳統，才吃得到的喔。」

漸漸習慣臭味後，臭起司的驚嚇指數稍微下降了一點，既然是當地限定，我鼓起勇氣削了一點屑屑，放到嘴裡。

「……！」我臉部肌肉扭曲，印堂發黑，全身打顫，只想灌下一瓶漱口水。

卡爾說：「說穿了，起司就是固態的牛奶羊奶，便於搬運和保存。這種臭起司應該發源自山牧季移的路上，古時候沒冰箱，牧人又珍惜食物，起司臭了也照吃，久了就變成當地特殊的口味。」

「這真是……太臭了……真不知道古時候的牧人怎麼搬運這些臭起司。」

「啊哈……千年的臭味。」卡爾一拍手，呵呵笑道，「我們年輕時，都這樣形容當時的大人。」

「千年的臭味？」

「德國人骨子裡是忠貞的士兵和勤懇的農夫。服從是責任。責任是服從。連按下毒氣室的鈕都像在生產線上工作一樣，崇拜權威，崇拜英雄領袖，納粹興起不是偶然，人民像聽了笛聲就跟著去跳河的老鼠。」

卡爾又咬了一口臭起司，咀嚼吞下，說：「所以我們年輕時，常形容大人這種盲從的順民心態已經腐臭千年，無法繼續忍耐下去。」

我說：「一戰後，威瑪共和風雨飄搖，就算當時不是極右的希特勒，也可能有極左的人物出線。」

「說對了，比起英國、美國，鐵血德國沒有深厚的民主傳統，到後來竟然合法選出一個大魔頭。」

「這麼說起來，你們服從守法的民族性和現代公民意識相差甚遠。啊哈……我們臺灣可是窮山惡水，專出刁民的。」

「但是，話又說回來，現在德國法以及雙首長制，卻成為歐美民主法治取經的對象。」

卡爾說，二戰結束後，很多納粹餘孽逃過制裁，照樣過好日子，經濟發達，整個社會卻像悶鍋一樣守著祕密和禁忌，宛如戒嚴。到後來，也只剩沒有包袱的戰後嬰兒潮敢掀開這個鍋蓋，反省歷史，批評時政，年輕而任性。

當權的老賊恨得牙癢癢，厲聲指責這群小屁孩根本沒吃過苦，過得太自由太爽，不知人間疾苦的米蟲竟然吃太飽帶頭鬧事做亂，叛道離經。

既然對體制內的改革不抱希望，那就從體制外來著手。要掃除千年的臭味，學生何止缺乏禮貌，整整十年間，汽油彈、鐵條、鋸子、磚頭、球棒紛紛出籠，隔著蛇籠拒馬，和鎮暴車裡的軍警在街頭大規模對抗，學生被水柱和催淚瓦斯驅散又集結，「暴民」、「政黨操弄」、「職業政治學生」這些大帽子，當然一頂又一頂扣在頭上。

冷戰年代的西德學生固然對神祕的共產鐵幕懷著不切實際的憧憬，但這份左傾的情懷，在日後卻轉移到對社會正義的堅持上，設下牢不可破的馬其頓防線，抵抗自由市場經濟中，富人大口吞噬窮人的資本主義地獄。

從正視歷史到議論時政，學運世代進而對國家未來做出熱情的提案。不再盲從權威，不再沉默無聲，勇於思考批判，獨立行動。當學生已成老人，那些年滿腔熱血所灌溉的政治關懷傳統仍有強勁的後座力，一代比一代更具創意和銳氣。

四十年前，卡爾這群異想天開的小屁孩不願再聞「千年的臭味」，百家爭鳴，想民之所想，他們反權威的狂飆青春開花結果，為今日多元的德國社會打下了基礎。

環保運動、婦女解放運動、同性戀權利運動、和平運動、公民自發創議運動、居住正義運動、左派右派，各路人馬的最大公約數，就是集結成一個務實環保的綠黨。

綠黨更在福島核災之後，收割反核民意，實力大增，入主巴登伏騰堡邦。綠黨視小農為環境永續發展的守護者，關注在地文化和傳統生活。

農村富足，起司師傅得以安居樂業，不用改行去大城市賣熱狗，代代承傳卡爾愛吃的臭起司手工藝，臭味繼續傳千里，湖光山色間，薰得我頭昏腦脹，但再也沒有「千年的臭味」了。

# 格陵蘭：產地直送的北極野味。

古老的狩獵部族一旦喪失了填飽肚皮的原始驅動力，便逐漸遺忘狩獵技能，掉落在兩種文化的巨大裂縫中爬不起來，無所事事，終日徨徨，此生不知所謂而來，接下來就鎮日抱著酒瓶，在從來都不關的電視機前爛醉如泥。

我在丹麥時認識了一位退休的老醫生瑞連，他長年旅居格陵蘭行醫，在北極圈的荒山野嶺奉獻了大半的職業生涯。

踏進他位於哥本哈根郊區那棟簡潔典雅的老屋，我真不敢相信地上鋪著幾張北極熊地毯，張牙舞爪，原來北極熊的毛不是白色，一根一根都是防水透明的，牆上還掛著獨角鯨白中泛黃的長牙，摸起來的觸感就像象牙。

北歐風算什麼？混搭北極風才夠狂野。

打開相簿，他和家人受邀參加社區祭典，當地的原住民伊努特人穿著海豹皮禮服，在衣領袖口和褲管，繡滿了鮮豔的彩珠，蒙古利亞人種，細目扁鼻黃膚，直長黑髮，為了減少散熱面積，人人生得矮短小巧，穿上美麗的衣裳，就像雪地之花。

我對北極圈的生活感到十分好奇，瑞連說：「在格陵蘭，每個伊努特原住民的雪屋裡都有一個爸爸、一個媽媽、兩個小孩、一隊雪橇狗、一組獵刀魚叉，一部電視機，還有一個人類學家。」

「真的嗎？」

「以前是。」

「包括電視機？」

「當然以前沒有電視機啦，這只是笑話而已。」

「哪來那麼多人類學家？」

「北極可能是全世界人類學家最密集的地方了。」

所以瑞連大半輩子在格陵蘭見多了無數人類學家不遠千里而來，就是為了探究伊努特原住民長年在冰天雪地打造溫暖家園的通天本領。

他們跟頭跟尾，問東問西，對什麼都嘖嘖稱奇，連看到尋常人家開伙煮飯，都忙著套用或引申某個大師的經典理論。

瑞連非常得意地煎起了鮮美的肉排，搭配自製的野莓醬，我們用皇家哥本哈根的瓷器吃完優雅的一餐。

飯後他把狗雪橇的長鞭子拿出來，在院子裡像印地安納瓊斯一樣，舞得呼呼響，每當有直昇機和雪車到不了的地方，他就駕馭一隊外表像狼群的格陵蘭犬，一直跑到世界的盡頭，白茫茫大地像海洋一樣廣闊，輕巧的雪橇滑過冰雪，留下一道長長的漣漪，靜悄悄一點聲音都沒有，只聽到狗兒吐著舌頭、腳步歡快，偏遠部落總有海豹骨頭可以大啃特啃。

「格陵蘭犬？」

「格陵蘭犬很像哈士奇，不過體型比較大。」他解釋。

我從來不知道七、八十歲的老人家能有這等帥勁！

我對他說：「喔，如果你年輕個四十歲，我會立刻愛上你。」

他說：「如果你成熟個四十歲，我或許會考慮看看。」

瑞連說他年輕時趕著狗雪橇，四處看病接生動手術，永夜中狗群對著凍原上方的極光嚎叫。

北地嚴寒，如鐵如鋼如劍如勾，朔風能輕易刮掉你的耳朵和鼻子，他說：「剛去還是菜鳥的時候，發生北極熊襲擊人的意外，為了搶快，急得沒戴手套就抓起手術刀，不鏽鋼製的手術刀硬生生黏在手上，猛力硬拔，連手上的皮都撕了下來，鮮血滴滴答答落在雪地上，一下子就結凍，那時我還是個小伙子，簡直快要哭了，連眼淚也當場結成冰。」

「那應該要怎麼辦？」

「永遠記得，嚴寒中皮膚誤觸金屬，淋上熱水，手邊沒熱水，剛撒出的熱尿也可以。」

「嗯……然後再去洗澡？」

「在北極你隨便把身體弄溼，就離死神不遠了。」

瑞連和獵人一起喝溫熱的血，吃生的海豹內臟。「那時家家戶戶可沒有浴室可洗熱水澡，族人長年不洗澡的體味，混雜了狗味、皮革味、臭肉味、汗臭味、血腥味……無邊無際的冰冷長晝，一起窩在爐邊取暖唱歌，那才夠勁兒！」

獵人總是仰求他買下毛皮或鯨牙，才能幫家裡添購雪車零件，或是洗衣機。

他屋內的收藏就是長年一點一滴這樣累積來的。

貨幣經濟快速滲透部落，族人原來連聽都沒聽過的外來物資，如今都成了必需品，電暖爐、電話、電視、電腦，雪車只要加個油就跑老遠。

只有遺世而獨立的老人還是覺得靈巧的狗雪橇比雪車可靠多了，狗兒會認路，又不像雪車那麼笨重，一不小心會陷到雪裡去。

滿口缺牙的伊努特老人總是懷舊：「汽油要進口，加油非常貴，為了加油就要去找能賺錢的工作，從此被帳單開銷綁住。再說，汽油會結冰，機器若是莫名其妙故障當機，只有死路一條！比起來，還是狗兒好，就算零下七十度，狗兒至死對主人忠心耿耿。」

「我在格陵蘭服務了好幾十年，照顧伊努特族人的健康。」瑞連把鞭子塗了油再收起來，心滿意足：「所以才有門路弄到我們剛吃的麝香野牛。」

「我們剛剛吃了什麼？」我問。

「麝香野牛呀。」

「麝香野牛可以吃嗎？」我心中迴盪著孟克的吶喊。

「可以吃。雖然數量是少了點沒錯。」

「喔……？」其實我想講的是「那我們還吃，這樣對嗎？」但身為客人，對主人招待的食物有意見，未免有點太白目，做客的禮貌我還是有的。

「我們吃的肉是伊努特族人獵來的。有時候冰箱還有海豹肉和鯨肉，對了，海豹肝也很好吃喔。」

「該不會還有北極熊的肝吧？」客廳的熊皮地毯給我印象實在太深了。

「只有一點點，北極熊的肝含太多維他命A，吃過量會致命。」

他眨眨眼，看起來不像在開玩笑，我萬萬沒料到這個慈眉善目的老醫生的冰箱竟然像個山產店！

我頓時好像誤食了黑面琵鷺還是石虎一樣惶恐，焦躁起來：「不過社會福利那麼好，他們根本不需要為了吃肉而打獵呀。」

「是不用，但他們幾千年來在北極就是靠打獵活到今天。不能打獵，那該做什麼打發時間呢？看電視嗎？」

「……」我無言，隱約覺得若有其他食物來源，就不應該獵殺稀有動物，我對把皮毛尖牙銳爪當戰利品收藏的行為，尤其感冒。

既然有冷凍的澳洲進口牛排可以買，讓麝香野牛快樂地過活不是很好嗎？

丹麥的哈姆雷特王子最著名的對白，在這裡應該要改成：「To eat, not to eat, that is the question!」（吃或不吃，這真是個大哉問！）

突然想到在臺灣時，原住民朋友忿忿不平對我說過：「中央山脈和太平洋是我們的冰箱已經幾千年了！一隻山豬或山羌幾十公斤重，我們就算好運獵到，體力再驚人也只能背一隻回部落呀！動物絕種都是國家政策破壞棲息地的錯……」

從最實際的肉食供給來說，畜牧養殖業心知肚明，如果客戶起了好奇心，想探究肉類是怎麼來的，購買意願肯定大打折扣，所以努力隔離殺戮，包裝血腥，掩蓋活生生的牲畜臨死前的驚恐眼神。

現代消費者基本上就是一隻隻鴕鳥，自以為只要不參與殺生，捂起耳朵聽不見慘叫聲，就可以心安理得享受肉食，不會被罪惡感搞壞食慾。

從心理層面來說，狩獵文化不但離我這個都市小姐太遙遠，自古以來，又多半是雄糾糾氣昂昂的陽剛俱樂部，我想男人打獵帶來的原始快感，不亞於上夜店把嫩妹吧？

畢竟，自從人類發明牛排屋和超級市場以後，就完全沒有自己持槍追著野牛

上至下：社區的海豹肉派對。／狗雪橇大賽。／小朋友從小住在現代住屋裡，傳統雪屋也消失了。
（照片由Esben Lyager提供）

跑的必要了。

我對北極野味的大驚失色，就像在慣於嘗百草、摘野菜的人面前，立起「禁止攀折花木」的牌子一樣。只有遠離自然的人才會斤斤計較去保護自然，而忘了自己是自然的一部分。

「殺生已是罪過，狩獵更是造孽，既然買得到肉，何必跟野生動物過不去呢？」我不禁皺起了眉頭，雖然我明明知道伊努特族人食衣住行樣樣不離動物，尤其是海豹，從骨頭用到尾巴，一點都不浪費。若不殺生，如何取得脂肪點燈，肉類果腹，皮革縫皮筏雪橇，皮毛做衣服禦寒呢？

韋德・戴維斯（Wade Davis）在《生命的尋路人》中寫到：「在北極，鮮血濺在雪地上，不代表死亡，而是代表生命。」

「真的一無所獲時，伊努特老人會毫無留戀地殺死最心愛的狗來吃，用的刀子可以只是一片銳利的冰柱。吃肉在這裡就是一場神聖的生之儀式。」

聽瑞連說，土生土長的原住民可以在格陵蘭狩獵野生動物並且大口吃下肚，外來的遊客也可以付費參加狩獵團。不過，帶回丹麥就是另外一回事了，他老人家幾十年來累積人脈無數，才如此神通廣大。

格陵蘭長久作為丹麥屬地，伊努特人享有令絕大多數的地球人自嘆不如的社會福利。比起在世界其他角落被排擠歧視而邊緣化，甚至被奴役的貧苦原住民，更不知幸運千百倍。

大自然美麗詭譎、慷慨殘忍，自古北極的朔風就唱著一首首悲壯的史詩，考古學家和人類學家若探勘到被冰封的古老雪屋，無不像挖到寶一樣奔走相告，冰雪像時光膠囊似的完整保存了當時的生活方式，連千百年前活活餓死的遺體都栩栩如生，乾癟胃中空無一物，把皮革製品都啃光了，彷彿能聽見低聲呢喃：「我冷，我餓。」

零下二十度、零下五十度，零下七十度，寒冷在這裡不是形容詞，而是動詞，像隻看不見的雪妖，無聲無息地撲上前來悶住你的口鼻，凍傷你的肺部，咬掉你的耳朵鼻子手指，風乾你的眼珠子，讓人當場窒息身亡。

伊努特人和極地的酷寒拚搏、累世相傳的智慧結晶，不是因為興趣喜好，純粹是為了求生。

就像我們樂於享用自來水、電力帶來的便利一樣，如果有得選擇的話，伊努特人自然希望有足夠的食物吃，不需拚死狩獵，隨時都有充足的暖氣，不怕火一熄就瞬間凍成冰柱。

而能施展魔法，輕易滿足這些需求的，就是由消費和科技主導的現代文明。畢竟在生死關頭苦苦掙扎，從來不是件浪漫的輕鬆事。以前不管是誰，一旦老病，就離開部落，走入風雪，自我了斷，上演《楢山節考》的故事，食物就是這麼少，要留給年輕人吃。

因此當全世界最富裕的社福系統，從搖籃到墳墓一一介入了最極端求生的原始社會，太陽能板、雪車、直昇機、住屋、無線網路，立刻取代了獸蠟燈火、狗雪橇、海豹皮筏、雪屋、口述傳說。

就連瑞連自己所代表的全民醫療，也讓古老的薩滿巫醫祭祀顯得樸拙而傻氣。

古老的狩獵部族一旦喪失了填飽肚皮的原始驅動力，便逐漸遺忘狩獵技能，掉落在兩種文化的巨大裂縫中爬不起來，無所事事，終日徨徨，此生不知所謂而來，接下來就鎮日抱著酒瓶，在從來都不關的電視機前爛醉如泥。

格陵蘭的酒精中毒和傳統生活方式的消融，有著冰和水一樣的因果關係。他們吃下越少親手獵來的野味，通常就喝下越多烈酒。

每次回格陵蘭，讓瑞連最痛心的就是當年親手接生的嬰兒，長成了一個又一個拿社會救濟金買醉的酒鬼。

現代文明給伊努特族人帶來的巨大衝擊，比冰山、海嘯、全球暖化還驚人，套句瑞連的話，「這一套機制鋪天蓋地而來，誘惑了每一個人，伊努特人原本是以極地的酷寒鍛鍊而成的冰雪之子，善用寒冷，狗雪橇下方不是冰刀，而是成排結凍的紅點鮭魚……」

他聳了聳肩：「但年輕一代的族人，卻成了沒有熱水澡就唉唉叫的脆弱生物。」

我點點頭承認，面帶羞慚，同一套機制讓我輕易地擺出對大自然無求無懼的疏離姿態，我不但需要熱水澡，沉迷網路，到最後還為了該不該吃來自北極的野味，心中千迴百轉，忸怩作態了起來。

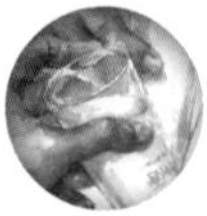

# 土耳其：黑羊的茴香酒宴。

看似清清如水，實則性烈如火，酒精含量可以高達五十，不過飲用前能自由地加入大量冰水稀釋，茴香腦溶於乙醇，不易溶於水，加水頓時變成乳白色，因此茴香酒有個雄赳赳氣昂昂的別名叫「獅子的乳汁」，是土耳其的國飲。

## 獅子的乳汁

宰牲節（忠孝節）在伊斯蘭世界的地位，無疑就像華人的農曆春節加上基督徒的聖誕節。

典故來自《舊約聖經》中那對最著名的父子檔，父親忠於信仰，下定決心提刀割斷兒子的喉嚨，獻祭給唯一的真主，而兒子對父親盡孝，馴服地閉上眼睛，接受自己的命運。

在生死剎那間，神很滿意祂謙卑的受造物如此父忠子孝，令天使降下一隻羊代為受死。

這是一年裡土耳其交通最令人尖叫的時候，不論遠近，外地遊子全忙著回家團聚，在一頓頓大餐間的空檔，和親友交換無數個擁抱和親吻。

重頭戲是獻祭牛羊，在中東和北非還會獻祭駱駝，考量經濟因素，羊還是最普遍的。

因此除了返鄉車潮外，路上突然湧現龐大的採買隊伍，後車箱或後座都奇蹟似地塞著一隻活羊，甚至機車雙載的後座乘客懷裡還抱隻羊，彷彿只是抱著一大包咩咩叫的泛黃棉花，羊兒搖著頭，轉著耳朵，一臉無奈無聊樣，不知死期將近。

每年宰牲節的假期長約一個禮拜，不過普通人家大多在第一、二天就把牲口宰了，將大部分的肉分送給窮人，自家留下一小部分招待親友。

我當時在土耳其靠敘利亞邊界不遠的一個地中海小村落裡，人生地不熟，又不想錯過一年一度的宰牲節，只好在假期前夕，逢人便問「願真主賜你平安（Asalamu Alaichum），請問哪裡可以過節？能去你家嗎？」，這相當於在臺灣隨機問路人「我能去你家吃年夜飯嗎？」

在街上厚著臉皮算計了幾個看似親切好客的婆婆媽媽，不得其門而入，雙方都滿頭霧水，我的土耳其語實在只比她們的英文好了一點點。

幾個青年男女正在大樹旁的酒屋（meyhane）喝酒作樂，聽夠了我支支吾吾、結結巴巴的土耳其語，彷彿是求我不要繼續殘害他們的母語，隨意丟過幾句流利的英語：

「Sorry！你來錯地方了！這裡的居民大多是亞美尼亞裔的基督徒。」

「不慶祝宰牲節。」

「哈雷路亞！牛羊都鬆了一口氣。」

「這是我們的避難所。」

其中一個紅頭髮的女生還大喊：「去他媽的伊斯蘭！」

我稍稍吃了一驚，盯著那個半醉不醉的紅頭髮正妹，她頂著只有髮型設計師自己會剪的那種誇張髮型，左耳還閃著一小顆鑽石耳環。

地中海沿岸民風相對自由，若在內陸的窮鄉僻壤，讓除了信仰阿拉以外，一無所有的激進穆斯林聽到這等放肆的言語，這位鑽石美眉恐怕會被生吞活剝到一根紅頭髮都不剩。

那幾個年輕男女哄堂大笑，不斷招手：「來來！你來！我們一起喝茴香酒吧。」不由分說，將我拉入座。

我早已習慣土耳其人的好客慷慨，他們看到外國人就像看到路邊無助的小貓小狗一樣，忍不住滿腔餵食的衝動，照著一個有趣的邏輯，推定我在他們的地盤上隨時都在挨餓。

「嘖嘖，這怎麼可以呢？」他們搖著頭嘆息，不把我餵飽不罷休，就算一無所有也會塞幾顆糖果。

我坐定，一個深棕色眼睛、手臂爬滿刺青的男生，在細長的玻璃杯裡丟了幾顆冰塊，倒了三分滿的茴香烈酒，再注入清水，一下子就變成乳白色，放在我面前。

我喝了一口，茴香酒的味道還是一樣嗆鼻，總讓我聯想到吃滷牛肉時不小心咬到的八角，和紅燒肉也滿對味的。

為了表示尊敬，男生單手拿著杯子的上方，把杯底殷勤地往前傾，碰杯發出清脆的響聲，一起喊聲「雪列非」（乾杯）！而女生或長輩，就直直拿著，等男生來碰杯即可。

我隨口問道：「你們都是在地人嗎？趁放假回鄉，老同學聚在一起喝酒？」

「不。我們都是外地人，來自四面八方。」

「那不用趕回家過節嗎？難得放長假。」

我好像問了很不上道的問題，桌上幾個人稍稍尷尬了一下，紛紛回答：

「機票太難買了。搶不到。」

「有別的旅行計畫。」

「要應付一堆親戚長輩問話，很煩，不想回去。」

「想起打結的交通，要擠在路上十幾個小時，還是算了。」

「不想應付相親。」

「不想被爸爸媽媽叔叔嬸嬸姑丈姑姑姨丈阿姨舅舅舅媽伯伯伯母爺爺奶奶催婚……」紅髮女生講一句話完全不需要換氣。

我心中一笑，聽起來多熟悉呀？原來不管在哪裡，年輕人不愛回家的藉口都差不多。

他們跟我說，這一帶自古信仰基督教，家家戶戶按照傳統釀造葡萄酒和茴香酒，將榨汁後的葡萄渣加水發酵，經過銅鍋二次蒸餾，最後加上茴香籽調味，即是被稱為「拉克」（Rakı）的茴香酒。

八角和茴香籽都含有茴香腦的成分，氣味非常相近，所以茴香酒其實頗像八角口味的白蘭地，看似清清如水，實則性烈如火，酒精含量可以高達五十，不過飲用前能自由地加入大量冰水稀釋，茴香腦溶於乙醇，不易溶於水，加水頓時變成乳白色，因此茴香酒有個雄赳赳氣昂昂的別名叫「獅子的乳汁」，是土耳其的國飲。

手中那杯酒還是太烈，我一面喝一面加水：「還好茴香酒可以加水稀釋，這點我最欣賞了。」

「這樣多好。往酒杯猛灌水竟然不算公開作弊！」同桌也沒人怪你不夠誠意，我再怎麼不勝酒力也能一起乾杯同樂，豪邁暢飲之餘不怕醉死。

一喝起茴香酒，總要沒完沒了鬧到大半夜，裝下酒菜的小盤擺了滿桌。無論再怎麼年輕時髦的潮男潮女，興致一來，也像上了年紀的老頭一樣，唱起鄂圖曼帝國時期的宮廷古典音樂助興，隨著聽在我耳裡有點像日本演歌的懷舊旋律搖頭擺腦。

比較講究的酒屋常有古典樂隊駐唱演奏，線上音樂網站甚至還特別設置了一個專區，讓人隨時下載喝茴香酒時的背景音樂，多麼有趣的分類。

於是我們聽著一首老歌邊打拍子，蘋果手機傳來一個韻味十足的中年女聲，反覆唱著一句古詩：「我願化為一條魚，住在茴香酒瓶裡……」

剛剛那個幫我倒酒的男生說：「茴香酒是烈酒，在以前可是男人的飲料，女人不能進出酒屋，獅子的乳汁，多威猛呀，在土耳其語裡，獅子常用來比喻勇敢強壯的男人。」

那個紅頭髮的搶眼女生叫艾珣，她轉過頭去，揶揄一笑：「這名字挺矛盾的……別忘了……只有母獅才產奶呀。」

我思索了一下：「但是，不管公母，獅子小時候都要喝奶呀。其實也說得通啦。」

艾珣在首都安卡拉的影視圈工作，這群一起胡言亂語的酒伴是她的同事兼狐群狗黨，放假不想回老家，躲到這裡過節。

比起伊斯蘭教徒對酒精的戒慎恐懼，基督教徒對酒精坦然得多，《古蘭經》明令禁酒，《新約聖經》上的耶穌卻曾顯現把清水變成美酒的奇蹟，葡萄酒更是基督寶血的象徵。

最高統治者蘇丹雖然信仰伊斯蘭教，傳統上仍尊重信仰其他宗教的少數族群，甚至頒發執照給基督徒開酒屋。

亞美尼亞裔土耳其人信仰基督教，已超過一千五百年，累世相傳的釀酒術百分之百依賴本能和經驗，不曾因為主流信仰而禁絕。

此地的家庭私釀酒，不同於酒廠大量制式生產的茴香酒，極富獨特的風格和個性，堪稱藝術品。內行的酒客來訪，無不多帶幾瓶，回程行囊沉甸甸，幾乎提不動。

地酒當然配地食，這一帶發展出的茴香酒下酒菜（Meze）更令人兩眼迷醉。因為這裡海陸交壤，物產豐富，以海鮮、橄欖油為主調的地中海輕食烹調，融合了由香料、牛羊肉獨霸一方的中東廚藝，加上土耳其人源自中亞的突厥遊牧民族，拼貼出豐富異常的飲食版圖，鄰近的加濟安泰普（Gaziantep）、哈塔伊（Hatay）、阿達納（Adana）三地，是眾所公認的美食三角洲，土耳其廚房最古老的原鄉，無數名菜的誕生地，不管誰親近這裡的風土，就立刻染上味蕾的鄉愁。

居民不枉天賜的口福，發展出工序繁複的傳統菜餚來慶祝不同的場合，用味覺來標籤生命記憶，講究到近乎執著，伊斯坦堡或安卡拉這些大城市的餐館，還會以出身此地的廚師為號召，為自己掛上品質保證。

茴香酒的下酒菜原本是「吃巧不吃飽」的前菜零食，不為填飽肚皮，而是為了佐酒開胃。少量多樣的精美小菜放在大圓托盤端上來，把桌子點綴得比聖誕樹還精彩，讓我想到西班牙的TAPAS。

酒屋熱鬧慵懶的氣氛讓人放鬆神經，但別以為庶民料理就一定像夜市海產攤一樣，好吃卻不入流。土耳其號稱能和中國、法國兩大美食國分庭抗禮，帝國鼎盛時期，疆域遠達北非、東歐和西亞，挑嘴的豪門權貴早已發展出不亞於紅樓夢賈府的精緻飲食，文化底蘊深厚。

既有美酒又有美食，連伊斯蘭教徒也流口水，最早的酒屋雖然都是基督徒開的，上門光顧的伊斯蘭教徒卻絡繹不絕，按當時法令的嚴寬，有時進去小酌，有時過而不入，閃閃躲躲，吃吃喝喝，罵罵咧咧，談談笑笑，一杯接一杯「雪列非」到近代，「獅子的乳汁」才正式奠定土耳其國酒的地位。

國父凱末爾（Mustafa Kemal Atatürk）尤其愛喝茴香酒論國事，多少影響千萬人命運走向的百年大計，都在茴香酒桌上敲定，他把蘇丹趕下帝位時，一起把哈里發的頭銜掃入歷史垃圾堆，斷然廢除伊斯蘭教法（Sharia），擬定政教分離的基本國策，讓土耳其走向世俗化，脫亞入歐。

從此，「凱薩的歸凱薩，上帝的歸上帝」，政治和宗教不再攪和在一塊，昔日的鄂圖曼帝國搖身一變，由伊斯蘭世界的領頭羊成為叛逆的異數。

住在都市的普羅大眾終於達成默契——清真寺禮拜完，再去酒屋喝幾杯，並不失為一個好教徒。

不過，對嚴以律己、虔誠向主的穆斯林來說，這異數，是瀆神的黑羊。

綠色是伊斯蘭的主色調，伊斯蘭教法在阿拉伯文的字源，是「前往水源之途」，茫茫黃沙大漠，要把無知的羊群帶往綠意盎然的水源處，自然仰仗絕對權威的指引。

脫隊就是死路一條，牧羊人的嚴厲，其實是對羊的愛。偏偏有些黑羊不乖乖依循正途找水喝，竟然違抗主命想喝酒。

因此在土耳其，出身不同族群和背景的穆斯林，對酒類飲料的接受程度高低不一，愈傳統的家庭，愈對酒精深深皺起眉頭，避之如洪水猛獸，更別提在酒屋這類的社交場合拋頭露面吃酒菜了。

## 黑羊的眼淚

土耳其幅員遼闊，不同地區間的發展相差十萬八千里，一般而言，西部沿海比東部內陸寬鬆，學歷高的比學歷低的放得開，年紀輕的比年紀長的乾杯更隨興，在繁華都市喝得比在窮鄉僻壤痛快，簡而言之，現代化程度愈高，對酒精的罪惡感愈稀薄。

既然現在就能暢飲天堂的河流裡流淌的美酒，何必等到死後？眼前這群喝酒笑鬧的青年男女，離一天五次禮拜的宗教生活相去已遠。地獄的烈火嚇不倒他們。

下酒菜少則六、七道，多則十幾二十道，怪不得要上酒屋吃，少量多樣自己在家弄實在太麻煩了。大家參加馬拉松似地慢慢吃喝，一面說說唱唱，持續數個小時樂此不疲，哭笑由性。

各色的沾醬和豆泥，酸甜鹹辣，紅黃白黑，口感層次豐富；炭烤肉串和千層鹹酥派熱騰騰冒著煙，當季沙拉則清涼爽口，淋上橄欖油拌檸檬汁的香料醬汁；由橄欖油、大蒜和鹽調製的新鮮優格，豪邁地淋在炸茄子或烤青椒上。有酸酸的葡萄葉米飯捲，大小像雪茄，還有炸羊起司條和煎肉球，醃橄欖襯著新鮮白乳酪，一旁還有哈密瓜切片。

這些還只是小兒科等級的基本菜色，我暗暗讚嘆這家酒屋外表毫不起眼，端出來的卻是做工繁複的功夫菜，隨興中見講究，靈活運用各種烹飪和調味手法，從我外行的眼光看來，水準也是驚人，這廚師到底是何方神聖呢？

「大家辛苦了，再兩天釀酒工作就全部完成囉。」主人賈納端著食物走出廚房，像個奴隸頭子在放飯，滿桌酒鬼笑鬧著：「阿拉阿拉（我的天呀！）……」，邊吃菜邊呻吟「我的手臂」，「我的腰」，「我的背」，「我的脖子」……

我透過窗子看後院堆成山的葡萄，各種器具，不同的桶子罐子籃子，還有人躺在石牆上閉眼吹風，空氣中瀰漫著酒香。

原來這群微醺的人，幾天來都在勤奮釀酒。

這時走進一個長髮美人，黑色捲髮披肩，鵝蛋臉，淡色的膚質讓人想起上好的蜂蜜，她懷中抱著一個女娃，身旁跟著一個青少年。

「啊……」艾珣大叫：「拉伊菲，一起來喝酒！」

拉伊菲說：「我剛剛在後頭幫寶寶洗澡，哄她睡覺。」

「長那麼大了！真帥……」艾珣轉頭打量那個快變聲的青少年，把他抱在懷裡：「……時間過得真快呀。」

拉伊菲對艾珣笑道：「以前你上中學時，邊念書還要抽空幫他換尿布呢。」拉伊菲的英文好得出奇，原來她是英文老師。

拉伊菲是艾珣的姊姊，剛離了婚，帶著兩個孩子從安卡拉搬到這個村子來。「在土耳其當英文老師的好處，就是不管去哪，都不怕找不到工作。」她說。

「你們小時候怎樣過宰牲節呢？」既來之則安之，坐下喝酒，我還是努力蒐集有關伊斯蘭教最隆重慶典的寫作資料。

拉伊菲回憶：「很忙碌呀……女人在廚房裡不斷煮各種菜……家裡男人宰羊後，我奶奶會把剛剝下來的羊皮高掛風乾，羊頭擱在一旁，屋子裡飄著燉羊肉的味道。」

廚師賈納剛好又上了一輪菜，「吃吧，這是燉了一晚的羊肉。沒錯，對我們來說，燉羊肉和宰牲節是分不開的。以前家裡一年一度難得有肉吃。」

我細細打量他，一頭灰髮，舉止非常俐落，不像個殺牛宰羊的販夫走卒，倒是個飽讀詩書的中年學者。

我吃了幾口：「哇……這燉羊肉好入味、好好吃喔。放了什麼香料呀？」

拉伊菲轉頭喊：「賈納，人家稱讚你的菜呢。」

賈納大言不慚，回了一句：「這個當然，那燉肉食譜是天下第一的。」

「要說天下第一，我奶奶的燉肉才夠格。」拉伊菲回嘴。她吃了一口。頓時臉色大變，眼淚幾乎流了下來，她摀住臉，默不作聲：「……這味道是……？」

賈納說：「以前穆斯塔法曾在餐廳廚房做過幾次，我就記下來了。」

「穆斯塔法？」拉伊菲說：「這是我奶奶的味道呀……」眼淚大滴流了下來，立刻擦了擦眼睛。

艾珣也紅了眼眶，仍倔強笑著：「膽敢把宰牲節的神聖燉羊肉拿來配茴香酒，奶奶一定要尖叫昏倒了。」

「你不想念你奶奶嗎？」我問艾珣。

「當然想呀。」

「奶奶年紀很大了？」

拉伊菲和艾珣兩姊妹點點頭。

「那你們為什麼不回家呢？你們知道的，人老了，也許沒多少機會見面了。」

「我們好久沒回家了……不知道幾年了……唉……你不能理解啦……」

拉伊菲臉色暗了下來，良久，長嘆一句：「你知道我多羨慕你嗎？從小把行動的自由當成理所當然。」

我剛在土耳其東南方小住了幾週，我了解她的意思，「但這不表示我出身的社會，沒有道德規範要遵守呀。」

「起碼你不用事事看宗教狂的臉色，從頭到腳，什麼都被管得緊緊的。」

過了午夜，酒足飯飽的一群人還是不睡，不但鬥酒也鬥歌，這裡沒有「不好意思」這回事，突厥後裔找樂子的功力深厚無比，就算只丟給他們一個鈴鼓，也可以像卡拉ＯＫ一樣熱烈。

拉伊菲站起來把靠近她的窗戶全部打開，涼涼的海風迎面吹來，我酒醒了一大半，拉伊菲的頭髮飛了起來，我稱讚她有一頭漂亮的好頭髮，烏黑光澤，髮長及腰。

「我以前的髮質更好。」

「真的嗎？」

「對呀，以前戴頭巾，避免風吹日曬，髮質當然好。」

「你？戴頭巾？」我語氣上揚。

「我從青春期以後就乖乖戴頭巾，嚴嚴實實把頭髮都罩起來的呢。我媽難產死得早，月經初次來潮時，我跟我奶奶講，她只狠狠打了我一個耳光，警告我以後不戴頭巾，絕對不准出門。」

小男生行割禮，幾乎像婚禮一樣隆重盛大，但小女生發育成女人，周遭只有愈來愈嚴厲和焦慮的監視。

「我出生在土耳其東邊一個靠近伊朗的小村子裡，在地圖上找不到，你無法想像要轉多少趟車才能到。我不能和男性朋友坐在同一張地毯上，不能自己叫滿桌酒菜，連去買包咖啡也不行。」

拉伊菲說：「不能自己一個人出去。踏出家門口一步就要報備，由哥哥弟弟陪著，從頭跟到尾。」

「我，不是我。對老家所有的人來說，他們看不到我，他們看不到拉伊菲，我只是一個沒有面目、沒有個人意志的信仰者。什麼都照著做，什麼都聽命。」

她喝了一口酒：「這讓我很厭煩，很困惑，所以思索到後來，我覺得這樣的神不存在。」

「如果神創造人只為了有人崇拜祂、讚頌祂，順從祂，整天心胸狹窄、斤斤計較有沒有違反祂的規定，那實在也沒什麼好尊敬的。」她口氣淡淡的，又像嘆息，又像鬆了一口氣。

「畢竟，我又不是一隻沒有意志的羊。」

我終於懂了，悶了一個晚上，頓時豁然開朗，一拍大腿：「啊哈……你們是一群不聽話的黑羊。」（BLACK SHEEP黑羊，在英文裡指的是特立獨行的「害群之馬」。）

「不但是黑羊，我們還是一群醉羊。」

猶太教、基督教、伊斯蘭教系出同源，主張人類不過是區區受造物，理當馴服於唯一的造物主。就像羊群聽令於牧羊人的手杖一樣。

十五世紀末起，歐洲人在中古黑暗時代的尾聲，怯怯抬起頭，開始理性思索，不斷肯定人本價值，神聖光環逐漸慘淡，為了政教分離和宗教自由，流了無數鮮血，然後到十九世紀後期，實證主義被奉為圭臬，哲人高呼「上帝已死」，接著是消費和科技主導一切的二十世紀。

再一路發展到我和她一起喝酒的今天。拉伊菲才幾歲而已，就把這驚心動魄的歷程走了一遍，我不禁全身顫抖起來。

基督教五百年來經過外在的挑戰和內在的重塑，宗教才從民眾生活的全部，漸漸淡出政府、學校、家庭，教會才有今日相對收斂包容的面目。不然只要翻開中世紀的歷史，不論是誰，從搖籃到墳墓，無不受宗教左右，把叛逆的異端燒死再正常也不過了。

政治是管理眾人之事，當一個社會仍然相信，透過政治來實踐宗教是合情合理的，人民就沒有信仰的自由，當然也沒有不信教的自由。

而伊斯蘭教的現代化也才剛剛起步而已。

「所以這是你不回家的原因嗎？不想信就不要信呀，回家看奶奶時，裝個樣子就好了嘛。」

「沒那麼簡單……」拉伊菲看著我，歪頭想了想，叫了正在旁邊抽菸的廚師：「嘿……賈納……過來幫忙解釋一下。」

賈納雙手擦了擦圍裙，坐了下來：「伊斯蘭教是一個社會性的宗教，以《古蘭經》和《聖訓》為依規的伊斯蘭教法，是人類有史以來最古老的國際法，全世界的穆斯林社群都尊重伊斯蘭教法的基本精神。」

我說：「不過，自從建立共和，早就廢除伊斯蘭教法啦。為了加入歐盟，土耳其連通姦和死刑不是都廢除了嗎？」

「沒錯。但是一直到今天，國內多數穆斯林仍覺得法律和宗教本來就是一個銅板的兩面，政教合一，天經地義。別說難以撼動，是根本沒有撼動的念頭。既然是阿拉的旨意，那就乖乖遵從，完全沒商量的餘地。」

我慢慢咀嚼他的話，說：「我懂了。你的意思是，當宗教價值觀和普世價值觀不一致的時候，虔誠的好教徒反而無法建立一個多元的公民社會。」

「要這麼說也可以。但那要看你對宗教精神夠不夠瞭解，而不是只拿來幫自己的劣根性護航。」

「因為很多人——誦上帝之名，行魔鬼之事。」我笑了。

「沒錯。在土耳其我們有句很相近的諺語——若想上天堂，就努力實踐霍加的公開教誨，但絕不要模仿霍加的私下作為（霍加是指在清真寺講道的老師）。」

「為什麼？」

「因為霍加總是滿口真主阿拉，要信徒當個好人，但自己私底下卻是壞事做盡，酒色財氣，男盜女娼，偽善得不得了呀。」

眾人拍桌大笑，舉杯敬混蛋霍加。

我這時才發現賈納已過盛年，雖不十分英俊，卻散發著成熟的知性魅力，綁著灰白的短馬尾，天生一副運動員般的結實體格，像律師上法庭一樣能言善道，他纖細的雙手是拿筆的手，不是拿鍋鏟的手。本人比他的菜更可口，擁有去當電視大廚的雄厚本錢。

「你聽起來像個律師。」我說。

「我的朋友如果遇到法律問題，的確常來找我聊聊。為什麼不呢？我能料理一桌好菜，吃吃喝喝。」

「你做那一行的？」

「我的專長是煮點小菜。」

「還有釀酒。」艾珣補充。

我問：「你是愛好廚藝的律師，還是愛好法律的廚師呢？這些菜是你自己想出來的嗎？」

賈納說：「庭上，我打官司比煮菜來得有天份。我只是個愛好美食的人，被困在律師的軀殼裡，感謝阿拉，現在我自由了。這些菜都是跟穆斯塔法學來的，我只是隻拷貝貓。」

原來賈納之前是律師，因為健康因素，只好提早從安卡拉的律師事務所退休，來此過舒心的小日子。

我大喜，伊斯蘭教又被稱為「律法的宗教」，教規繁多，是全世界最被尊崇的宗教之一，但又是最被誤解的宗教，我腦袋裝滿了一知半解和道聽塗說，這下終於讓我逮住律師問個清楚了。

伊斯蘭世界自從十九世紀中葉土耳其的坦志麥特改革開始（近似滿清末年的變法維新），一直是精英分子驅趕著廣大草根群眾，跌跌撞撞攀上西化的列車。比起中東和北非的鄰居，土耳其的政局相對穩定，現代化最順利。連新加坡都設有伊斯蘭法庭，但土耳其法律卻完完全全抹除了宗教痕跡。

「法律是價值觀的具體呈現，」賈納說：「西方法律講究邏輯與實證，和直觀的信仰完全相反，因此常常傷害民眾的宗教感情。」

「能舉個例嗎？」

「舉個最極端的例子，土耳其的法律授予女性選舉權，比法國更早。但對一個相信丈夫依照《古蘭經》有權強姦她、毆打她的娃娃新娘來說，她可能一頭霧水──沒事何必將選舉權硬塞給她？我們能期待她履行投票的公民義務嗎？」

「伊斯蘭教真的對女人那麼苛刻嗎？不能開車不能上學……？或者，這只是教義解釋的問題？」

「不許女人開車？女人的價值只在於貞操？」賈納說：「開玩笑……先知穆罕默德的第一任妻子是精明強悍的再嫁寡婦，是她主動追求第二春，豈止騎駱駝，還會趕駱駝商隊呢！」

「那麼，有些地方女生不能受教育，又是怎麼回事？」我問。

「不，」賈納說：「那不是真的。那些渾球扭曲了教義。古有明訓，不教育女性，就像古代活埋女嬰一樣野蠻。」

賈納跟我說，無數穆斯林女性曾任法官、學者、醫師、教授、科學家、神學家，人才輩出，黃金年代的人文薈萃，無疑閃著女性聰慧知性的目光。清真寺同時附設最高學府，培養出來的醫生會動最精密的眼球外科手術。

伊斯蘭女性曾享有的自由，傲視任何一個古代社會，從這樣的立教精神出發，假設先知穆罕默德生在二十一世紀，想必會對披著信仰外衣所執行的「榮譽謀殺」、「兒童新娘」、「禁止女童上學」這些穿鑿附會的部落舊俗破口大罵，氣得連鬍子都翹起來了。

伊斯蘭世界歷經殖民剝削，錯過工業革命，又位於內陸的乾燥地帶，發展不易，政局動盪，掙扎求生之餘只剩阿拉，構成自我認同的伊斯蘭信仰日趨保守，裹足不前，食古不化，建教之初大力革除踐踏女性的陋習，現在卻喪失激進的朝氣。

原本立意用來保障女性的規定，反而變成箝制。

「根據伊斯蘭教法，穆斯林女性享有的財產繼承權，連法國民法遲至二十世紀六零年代才迎頭趕上。」賈納說：「而結婚時女方收的高額聘金，一開始也是為了讓女性享有離婚後的財務保障才存在的。讓失婚女性不至於走投無路。」

「男人鬼迷心竅，只一面倒地從自己有利的點來大做文章。或是不懂裝懂，把一些狗屁不通的封建迷信，濫用阿拉之名延續下去。這根本不是伊斯蘭教的原貌。」

相對於一屋子大翻白眼的無神論者，賈納很奇妙地竟有幾分宗教情操，遇到我這個好奇好疑好問好辯的外人，就盡量平衡報導一下。

他思路分明，直指核心，像一把銳利的刀鋒，深藏在刀鞘裡。

其他人全是賈納的客人，喝他的酒、吃他的菜、睡他的房子，就算一肚子不同意，也不敢太吐他槽。

繼摩西、耶穌等列位先知之後，穆罕默德是最後的先知，透過他而傳達的伊斯蘭是最後的版本，天啟的完美宗教。既然已經盡善盡美，那後人自然無需更動一字半句、隻言片語，連起心動念都是罪孽。

伊斯蘭是信仰和生活方式的無縫接軌。除了心裡信奉，食衣住行育樂也有一套規定要遵守。

若對阿拉心悅誠服，這套完美周全的社會體系能產出全天下最圓滿的人類。如果有所質疑，這套體系會造成十分可怕的集體暴力。

一違反了伊斯蘭社會的常理，最和藹可親的婆婆媽媽也會變成最激烈的鬥士，只要威脅到她們安身立命的價值觀，就被當成對信仰罪不可赦的冒犯，無限上綱。

以信仰之名，街坊親友一同睜著數百雙眼睛盯著你瞧，諄諄教誨老祖宗傳下來的生活方式是絕對真理，從男生如何解手上廁所、女生可否穿牛仔褲的生活瑣事，到財產分配、嫁娶婚配的人生大事，鉅細靡遺，無所不包。

人人不覺得自己雞婆多管閒事，而是善盡社會責任。

天下父母心，當你看到自己的小孩懵懵懂懂走向乾旱的沙漠，即將活活渴死，自然加以譴責教訓，拚死拚活地把小孩拉回來。就算訴諸暴力也在所不惜。

萬一拉不回來，也要咬緊牙根清理門戶。

背後邏輯簡單明瞭，他人透過你的家庭背景來論斷你。所以羊群裡萬萬不能出現黑羊危害家族榮譽，敗壞聖潔的穆斯林社會，免得殃及其他家人。

一定程度上，這阻隔了不同世代之間原本就困難重重的對話和溝通。面對銅牆鐵壁般的社會共識，黑羊們要嘛就裝乖保持沉默，要嘛就是跑得遠遠的。叛逆的自家小輩等於當面甩了老人一個耳光，只好逃之夭夭。

若不計後果公開對立，甚至乾脆改宗叛教，壓力立刻排山倒海而來，在某些國家還會面臨監禁甚至死刑。

留著可敬鬍子的老頭，成群結隊霸占著宗教詮釋權，玩著「父權神授」的老套遊戲，自我感覺良好，認為自己真是個好穆斯林，死後天堂大門值得為之敞開，不自覺地以壓迫女性來彰顯自己的虔誠。

伊斯蘭崇尚節制和服從，對虔誠的信徒來說，清規戒律是一種天賜的保護，而不是束縛，教規蘊含著智慧，經得起時間的考驗，從小遵守能讓身心免於外界不必要的干擾和汙染，祥和靜好，像沉澱了雜質的清水，潺潺灌溉著健全快樂的人生。

但對一隻心生疑惑的黑羊來說，這套規矩無疑是監牢，層層保護反而成了綁手綁腳的枷鎖，幾乎窒息。

看破紅塵而自願遁隱叢林的僧侶，青燈木魚仍可能法喜充滿，一心向佛，但如果不是出於自由意志，而是屈服於外在壓力才吃齋念佛、嘴裡淡出鳥來，自然悶出個表裡不一的酒肉和尚。

縱使世間無常，如夢幻泡影，紅男綠女也要親身走過一遭，才會體悟自己這場愚痴執迷，到底值不值得。

話題從拉伊菲一頭美麗的秀髮，轉到戴頭巾，她火氣仍然不小：「我很不想這麼說……但是有不少男人把控制不了自己的責任，遷怒到女人身上。真奇怪……色狼竟然怪女人撩起了自己的情慾。」

男人一方面本能地為女性魅力所吸引，滿腦綺思幻想，一方面物化女人為性工具，女人好像就只是會走動的陰道，這兩種心態畸形的合而為一，成了最猥瑣的偽君子。

「所以女人才需要把頭髮甚至臉孔遮起來……不然引誘無辜的男人多看了幾眼，都怪女人就對了。」

艾珣挖苦道：「真可憐哪……對一些封閉的穆斯林來說，家有女眷實在是個精神折磨，天長日久，難保女人不露出頭髮做出什麼醜事來，給外人亂嚼舌根，累得男人要拔槍轟掉她們的頭。」

「嗯……？」我還以為是誇飾法，艾珣講話很有點誇張的喜感。

她指著茴香酒瓶，懶洋洋地說：「女人是盛裝著貞操的瓶子，要小心翼翼地保護，一旦摔破，就一文不值，放著還怕髒了眼，得收拾收拾。」

結婚時男方要給女方豐厚的聘金，有人把家裡未婚的處女待價而沽，或是當成抵債、解決紛爭的籌碼，包辦婚姻成了變相的人口買賣。

因此在她們遙遠的家鄉，流傳著不同的家族間彼此交換新娘的古老傳統。

我的姪女嫁給你的堂弟，你的姑姑嫁給我的大伯，透過綿密的運算，剛剛好彼此抵銷高額聘金的支出。

這也是部族政治的一環。如果雙方處得好，說好聽點，是親上加親。如果雙方結下梁子，說難聽點，就是交換人質。

至於被交換的新娘呢，只能閉著眼睛，彷彿自己是一件沒有感情的家具，任人擺布，沒人問過她們願不願意。

更極端的社會案件是窮得叮噹響的小夥子豁出一切，結夥綁架未婚的姑娘，生米煮成熟飯，被姦汙的骯髒女人沒人要娶，不嫁給他也不行，談判籌碼大增，就不用付太多聘金和牛羊。

存心闖入店裡砸了一個細瓷花瓶，再漫天殺價，反正吃定沒有下一個買家。女方若張揚出去，自己也大失面子，只好妥協。

走「搶親」這步險棋，好的結局是一場充滿眼淚的婚禮，壞的結局是滿地鮮血和刺耳尖叫，兄弟吞不下一肚子火，破罐破摔，乾脆「榮譽謀殺」被強暴的自家姊妹，再把上門滿口大舅小舅的強暴犯給宰了。

在外走動的單身少女就是「公物」。為了避免被當街擄走，家族以保護之名，限制女性的行動自由。艾珣和拉伊菲在家鄉時，從沒自己踏出家門一步，就算出門也把自己包得緊緊的，身邊跟著堂表兄弟。

就算女孩同意，小倆口兩廂情願地甜蜜私奔，玷汙門風，也可能一樣悲劇收場。千錯萬錯當然都是女人賣弄風情的錯。

登上社會新聞版面的血案在兇手眼中是榮譽，在絕大多數人眼裡就只是謀殺，見報的榮譽謀殺常常是冰山一角，因為鄉里親族認為這是替天行道，清理門戶，自然會幫忙串通掩飾。

鄉間注重男女大防，連婚禮也是男女分席，家庭外的青年交往愈忌諱，家庭內的暴力性侵就愈嚴重。防來防去，總是忘了強姦犯其實大多都是熟人，守護羊群的牧羊犬私底下說不定也是狼。

艾珣說：「家裡要我們嫁給從來沒見過面的陌生人，所以我們跑了。從此我們就沒有故鄉了。」

拉伊菲不但自己逃家，甚至帶了小她幾歲的艾珣一起走。因為她知道，自己跑了，接下來就是輪到妹妹艾珣。

「但現在是二十一世紀了，還會發生這種事嗎？」我問。

艾珣聳聳肩：「你知道ＴＩＴ嗎？這就是土耳其（This Is Turkey）。土耳其是個莫名其妙的地方，現代和古代同時存在，我們有以女飛行員命名的現代化機場，卻也有娃娃新娘。青年男女交往是不知羞恥，老男人強娶稚齡女童卻是一心向主，我在電視圈混，什麼社會案件沒看過？」

時間把葡萄釀成酒，把女孩變成少婦。拉伊菲離開故鄉，拿下頭巾，念完中學，上大學，成為村子裡第一個拿到學位的女性。拉伊菲工作，戀愛，結婚。

然後，拉伊菲離婚了。

她帶著孩子搬到這村子，比起安卡拉百物騰貴，這裡可以安穩過簡單日子。賈納幫母子三人安頓下來。艾珣過節放假來探望姊姊。

女人既然要享受自由戀愛，那就要承擔戀愛的風險。愛情本來就是像彩虹一樣。你追求的明明是彩虹，怎麼能希望彩虹永遠為你佇足呢？

拉伊菲有追逐愛情的勇氣，也有大步轉頭走開的瀟灑。

「她是戀愛私奔嗎？逃離家鄉是因為愛上了一個不該愛的人嗎？」我不知道拉伊菲如果留在家鄉，任人安排，過著老一輩女人像大地一樣永恆的日子，會不會比較幸福？起碼人親土親，她有親友的支援網絡在身旁。

畢竟，當你面前就只有一個選項，在時間長河裡將錯就錯，一路走到底，沒有疑惑，也就沒有反抗和掙扎了。這樣的人生會不會比較輕鬆呢？

「不過，那是很久以前的事了，都過去了，你家的長輩說不定原諒你們了，死前難道不想看看女兒和外孫嗎？」我問。

土耳其文基本上沒有先生女士的正式稱呼，面對陌生人也是用大叔、阿姨、老兄、阿伯等親屬稱謂。我知道土耳其社會多麼注重家庭。

姊妹倆對看一眼，嘆口氣。

「真有那麼簡單就好囉……」艾珣說。

似乎有什麼難言之隱。她們酒意中帶著鼻音，讓我幾乎想哭了。

為什麼總是這樣子呢？演出驚天動地的逃家，斷絕一切血脈和情感。不然就是乖乖接受命運的安排。

兩邊都是一場豪賭，沒有中間地帶。選擇吧，選擇你喜歡的路，不論選什麼，結果都可能是絕望。

「不要哭喪著臉。」反而是她安慰我：「我已經很好運了。像我這樣逃婚的女生，被家人榮譽謀殺也是有的。斷絕聯絡，放我自生自滅，已經是最大的仁慈了。」

艾珣說：「你知道我為什麼選擇和姊姊一起逃家嗎？」

我說：「因為你想活得像姊姊那樣。」

「不，因為我不想活得像奶奶媽媽嬸嬸那樣，生養十七、八個小孩……不斷懷孕，世界就是村子那麼點大而已。」

拉伊菲說：「其實，我哥哥爸爸他們不是找不到我，而是很害怕找到我。因為如果找到我，就一定要給鄉親一個交待，不能不做個了結。」

所以她不能回家，不能踏入家鄉一步，甚至不能讓家鄉父老知道下落。對他們來說，她死了，她必須已經死了。大家面子上過得去，日子才過得下去。

伊斯蘭教徒無法改變宗教信仰，叛教者要受嚴厲的處罰。社會的強制力只有你反其道而行的時候，才會顯現。長輩的作風愈強勢，反而逼晚輩愈痛恨宗教的束縛。

不管在哪裡，宗教狂總覺得他們的虔誠賜與他們無上特權來論斷、甚至控制別人，好像手上握著天堂大門的鑰匙。他們不見得想要獲得性靈的提昇，只是寄生在巨大權威體制之下。

「對抗的代價太高，而依附的報酬太厚。那閉上眼睛當隻羊，又有什麼不好？」

我說：「但我覺得真正的信仰，不該出於害怕，或想撈到什麼好處。」

艾珣說起刻薄話，簡直比硫酸還酸：「啊哈……對老一輩的人來說，人生在世是為了上天堂做準備，所以要努力當個好教徒，像小孩收集乖寶寶貼紙一樣，一張兩張三張……真他媽的循規蹈矩。」

然後她又幫我倒了一杯酒。

## 真主賜福

啤酒源自於兩河流域的美索不達米亞，葡萄酒緊接在後，幾千年來也在同一個地區瀰漫著醉人酒香，日後被羅馬帝國吸收，傳入歐洲。

而提煉烈酒的蒸餾法，則是教士的獨門絕活，沒有這項偉大發明，就沒有伏特加、威士忌、白蘭地，以及茴香酒。

說起來也真弔詭，從地緣和歷史淵源來看，今日伊斯蘭世界嘉惠酒類發展甚多，但在阿拉真主的國度，喝酒從來不是日常小事，而是國家大事。

就像一定有很多人亂丟垃圾，才需要呼籲禁止亂丟垃圾一樣，《古蘭經》明文禁酒，反面來說，就表示酒一定深受歡迎，因此酒在伊斯蘭世界長年醞釀著怒火和歡笑、禁止和開放、躲躲藏藏和尋尋覓覓。

這時手機傳來一首歌：「喝杯酒吧。這就是永生。這是青春所給予你的美好時節，酒、玫瑰和醺醉的摯友。為這個時刻開懷吧！這個時刻就是你的人生。」

拉伊菲一邊為我翻譯，一邊閉著眼睛搖頭晃腦，說這是伊斯蘭黃金時期最頂尖的科學家歐瑪爾・海亞姆（Omar Khayyam）的作品，他深愛杯中之物，留下無數歌頌美酒的詩篇。

賈納走過來跟拉伊菲咬耳朵：「剩下那碗豆泥，我沒調味，可以當離乳食品。」

看賈納對拉伊菲的小女兒呵護備至，我原本以為兩人是一對，拉伊菲說：「喔，不。賈納太完美了，真遺憾，女人總是沒辦法得到太完美的男人。」

賈納哈哈一笑，倒是坦率得驚人：「我是同性戀。」

我有點窘，低頭猛吃了幾口燉羊肉，這時說什麼好像都不對。

「不要緊，大家以為我是花花公子，像蘇丹一樣後宮三千，逃家來投靠我的女生，可多著呢。不少人都說我豔福不淺。」

「那你男朋友不會吃醋嗎？」我笑著。這時拉伊菲和艾珣突然一震，四眼對看。賈納號招幾個小幫手收拾廚房，先忙去了。

我不知道是酒讓我醉了，還是談話讓我醉了。我趴在膝蓋上，像隻醉貓般嗚咽：「你們這群朋友真有意思，到底怎麼認識的呀？還有，穆斯塔法是誰？為什麼他會煮你奶奶的燉羊肉？」

「下次要講我們這群朋友……」艾珣糾正我。

「穆斯塔法是賈納之前的愛人，我們的大堂哥。他從小像大哥一樣照顧我們，我們也知道他的祕密。」拉伊菲說。

「你醉了。」拉伊菲要我進房間打地鋪，丟了一條毯子給我，「我帶你先去睡一會兒吧。」

「我們都醉了。」我說。

我跨過幾個橫七豎八癱在地上的人，躺了下來，不知過了多久，拉伊菲進來，躺在我旁邊：「你晚上如果需要上廁所之類的，盡管叫醒我陪你去不要緊，反正蒸餾要輪流看火，我還要餵奶，都是醒醒睡睡的。」

我說：「謝謝你收留我。」

「是賈納收留你。當初我帶著艾珣逃到安卡拉找穆斯塔法，就是賈納收留我

在土耳其喝茴香酒已經成為一種類似心理治療的儀式，伴隨著酒水、下酒菜、音樂，以及百無禁忌的談話。（照片由Hasan Torun提供）

們姊妹倆，在他投資的餐廳邊打工邊上學。」

「那穆斯塔法人呢？怎麼不見？他們分手了？」我問。

「他死了。」拉伊菲簡單地說。

拉伊菲的大堂哥穆斯塔法來到安卡拉，求一口喘息的空氣，從跑堂雜工開始，短短幾年間偷師成為大廚，暗地和老闆賈納成為一對同性戀人，兩人經營一家急速竄紅的明星酒屋。

高級酒屋相當於西班牙最前衛的分子料理TAPAS酒吧，在一線大城市，酒屋早已是野心勃勃的新銳廚師展現創意天分的最佳平臺，夙夜匪懈地追求美味，努力沒有上限。

在首都揚名立萬的代價就是暴露自己的隱私，小報用俏皮的字眼暗示這對在臥房和廚房都合得來的情侶檔，和他們令人垂涎的下酒菜一樣引人注意。

結果，穆斯塔法遠在天邊的家人輾轉得知兒子竟然是同性戀，晴天霹靂，招開宗族會議，特地派了人大老遠跑到安卡拉，守在他倆同居的公寓前，把穆斯塔法給殺了。

「……」我倒抽一口冷氣，驚得腦中一片空白。「那兇手抓到了嗎？」

「抓到了。就是穆斯塔法最小的親弟弟法拉特。」

「榮譽謀殺……」我睡意全消，用手摀住嘴，「你怎麼知道？」

「因為是我上法庭指認的。」拉伊菲的口氣平靜，不起一絲波瀾。「我做夢都認得法拉特，他在我小時候強暴我，我受不了才鼓起勇氣逃家的。」

拉伊菲在家受了欺負，只敢抱著奶奶哭訴，奶奶盯著孫女的小腹，發著抖抿著嘴打了她一巴掌，要她不准聲張，未婚女孩失去貞操，在婚姻市場是銷不出的賠錢貨，玷汙家族名聲，根本不配活著，她可能被家人滅口。

而婚期迫在眉睫，如果新娘過了門被夫家發現已非完璧，不但拉伊菲小命難保，說不定還會引起部族間的仇殺械鬥。

奶奶偷偷變賣飾品，塞給拉伊菲一筆錢，暗示她在肚子大起來之前一走了之。左右都是觸犯天條，拉伊菲乾脆帶了妹妹一起去安卡拉投靠穆斯塔法。

穆斯塔法知道人命關天，立刻把兩個堂妹藏了起來，等家鄉醜聞平息，悄悄過了幾年安穩日子，拉伊菲又目睹血案。

穆斯塔法的弟弟法拉特入監服刑，和榮譽一起爛死牢中，父老鄉親全怪到拉伊菲頭上，這帶著私生子的婊子無疑是叛徒。

「穆斯塔法死了後，賈納把律師工作辭了，餐廳收了，搬到這個小村子，好多年什麼都提不起勁，只看著海發呆，後來才開了小酒屋，愛開不開的，成天就是迷釀酒，十分富有實驗精神。」

原來如此。怪不得她選擇當英文老師，埋名隱姓，甚至改名換姓，四處教英文為生。

怪不得她年紀輕輕，兒子卻是比她還高的小鮮肉了。

怪不得她不信神。

如果有神，怎會發生這些事？

就算有神，祂允許這些事情發生，那不信也罷。

「這才是你無法回鄉的真正原因吧？」我問。

她不答，已經喝醉睡著了？還是裝睡？

我卻被這一個毛骨悚然的故事嚇得不能成眠，輾轉反側，天微亮就去沙灘上走走，聽海濤透透氣。

剛好是凌晨早禱的時間，「祈禱，來祈禱吧，比起睡眠，早禱給你的福分更多。」如果附近有清真寺，喚拜聲會這麼唱。

地中海拍擊著岸邊的礁石，遠遠望去，有一個人正站起身來又俯下身去，彷彿在禮拜，輪廓有點像賈納，那人暖身完，跳到海裡去游泳。看他晨泳完畢，站在岸上擦乾身體。

「應該不可能是賈納吧……」我簡直不敢相信，以為自己酒還沒醒。伊斯蘭教法視同性戀為重罪，天底下怎麼會有人信仰一個迫害自己的宗教呢？

「他應該在做瑜伽的拜日式吧。」我想。

遠方的小黑影慢慢向我走來，朗聲笑道：「你那麼早起，看來你昨晚沒喝多少。」

我看著賈納溼溼的頭髮，我問他：「剛剛在海邊的是你嗎？」

「對呀。」

「你在做瑜伽嗎？」

「我在做早禱。比起游泳，禮拜讓我心神寧靜，特別是早上的時候。」

「我沒想到你會早起禮拜呢……你們律師總是最犬儒的無神論者……」

我心裡沒講的是「那昨晚怎麼沒看到你對那群無法無天的小屁孩皺眉？」

「感謝阿拉，我已經不幹律師了。」

「……」我很冒失地說：「怎麼可能呢？」

「咦？」

「照理說，你應該很痛恨這個宗教呀。」

「我曾經很痛恨沒錯。但我想開了。」

「想開了？就這樣？」

「不只就這樣，你知道我花了多少時間才想開嗎？」

「但是，穆斯塔法不是被宗教狂謀殺的嗎？」我話一出口，就立刻後悔了。

「……」我訥訥地盯著海邊的沙石，希望海風讓剛剛那句話煙消雲逝。

賈納靜靜看著我，沒有生氣，有種不知從何說起的無奈，卻有著出乎意料的耐心。

「宗教，不過是神的官僚體系。你不見得一定要跟死板官僚打交道，才能親近神呀。」

我真丟臉，我低頭不太敢看他。

「你有釀過酒嗎？」

「沒有。」

「真可惜，那簡直是一個讓靈魂昇華的過程。」賈納眼中燃燒著宗教熱誠般的火花。「要不要來釀酒？順便帶些回去。」

我點點頭。我們回屋子換了工作服，拿了酒瓶，去酒窖裝酒。

老房子的後院都有個高起的石砌水槽，可以放入一籃籃的葡萄，人再爬上去用腳踩，踩出的葡萄汁層層過濾後，放入大陶罐中，靜置發酵後就是白葡萄酒。

直接把踩爛的葡萄和葡萄汁一起發酵，再過濾，就是紅葡萄酒。

之後再把葡萄酒蒸餾濃縮，加入茴香調味，就是茴香酒。

老房子還有石砌的酒窖，一進去就陰陰涼涼，儲存歷年陳酒。

蒸餾酒的製作原理在哪裡都差不多，兩個大大的黃銅圓鍋，連接著管子，看起來像好萊塢老片裡的外星人。

一個裡面裝滿葡萄酒，下面有火，慢慢煮著鍋裡的葡萄酒，讓酒精和風味蒸發，上方密閉，只接著一根細細的管子，把所有的蒸氣導到另一個黃銅圓鍋裡，冷卻降溫，蒸氣凝結成液體，就是蒸餾酒。

若放入舊木桶裡陳化熟成，染上黃褐色澤和風味，即是大名鼎鼎的白蘭地。

私釀酒的量雖然不多，工作倒是不少。反正年輕人放假不回老家沒處去，賈納號招他們來玩打工換宿，把附近的葡萄全摘完了。

不只採葡萄，以前還要撿柴火，現在有可以控制溫度的瓦斯爐，省了不少力氣。

永遠有洗不完的桶子和罐子，彎腰埋頭洗乾淨，等待自然風乾。把容器裝滿葡萄汁、葡萄酒，搬上搬下，挪進挪出。

品酒浪漫，釀酒卻是百分之百的體力活。

幾個男丁來回把大陶罐的葡萄酒倒入黃銅圓鍋裡，小火慢煮，室內瀰漫著一股酒香。

茴香酒需要蒸餾兩次。還有好多濾網和濾布要洗。

棚子下有不同顏色的桶子，代表不同的釀酒階段。桶子裡有剛踩爛的新鮮葡萄，有正在發酵的葡萄汁或是加水葡萄渣，有發酵完成並過濾數次的葡萄酒，有蒸餾過後加上茴香調味的茴香酒。

一蒸餾起來，就是十幾個小時，要有人徹夜在火邊耐心守著。滿身大汗的賈納臉龐映著火光，緊盯時鐘，去掉酒頭和酒尾，只保留酒心。

酒心再花幾個小時，等待完全冷卻，然後倒入大陶罐中靜置，還要第二次蒸餾。

賈納像超人一樣指揮採買下廚，工作告一段落，端出一盤盤酒菜，叫家裡這群食客來吃飯，就像把一隊餓壞的羊趕到青草地，他們喝起茴香酒來，彷彿駱駝喝水。

滿屋子洋溢的青春氣息，讓我回憶起大學時代的社團活動，他們的生命才剛開始，不涉人世辛酸，勃勃的生氣尚未被人性中的惡意所敗壞。

賈納說：「還好這一帶除了亞美尼亞裔的基督徒以外，只有信奉阿列維教派（Alevi）的伊斯蘭教徒。不然，像我們這樣男男女女雜處一室，在保守又保守的鄉村，早就炸開了鍋，把我們轟出去了。」

「阿列維自己夠神祕的了，不會多管鄰居的閒事。」拉伊菲說。

我問：「阿列維還是伊斯蘭教徒，不是嗎？」

「這個嘛……他們屬於比較『放鬆』的教徒，會喝酒，會男女一起唱歌跳舞，不被清真寺的老頭吃得死死的。」

在冬天的第一陣寒風吹起以前，架上的葡萄會化成葡萄糖漿或葡萄酒，葡萄藤下涼風徐徐，有人沒睡飽正在補眠，前晚酒席散了，竟然還有體力去海邊釣魚。

拉伊菲說：「真懷念呀，以前一年一度在老家做葡萄糖漿，也一樣要用腳踩葡萄，起大鍋煮葡萄汁，熬成濃濃一鍋，打入蛋白澄清，就是葡萄糖漿了。」

「葡萄我一定要用腳踩踩看。太有意思了，我只在電影裡看過！」我苦苦哀求。拉伊菲只好換下專門用來踩葡萄的乾淨雨鞋給我，要我穿上工作長褲。

「那剩下的葡萄果渣呢？」

「全餵了牛羊囉。」拉伊菲說。

「可惜呀可惜……」

「果渣在賈納這裡，還可以做成茴香酒呢。」

「你想死嗎？在我們老家當然不可能拿果渣來釀酒呀。」艾珣說。

賈納說：「現在直接用葡萄酒來蒸餾，算非常奢侈了，以前的人惜福愛物，只用榨汁完殘留的果皮果肉、種子莖梗，這些果渣仍然含有果汁糖分和風味，丟掉有點可惜，只要加些水發酵，就富含風味和酒精，接著蒸餾濃縮，加入茴香，就是茴香酒。」

幫手來來去去，每當有人先離去，賈納都說：「這是上一次做好的酒。感謝你幫忙，帶一些回去吧。」一群好酒的人不畏重擔，腳步沉重，提著好幾罐私釀茴香酒上路。

眼看酒窖十去了七八，賈納被大敲竹槓，怎麼算都虧本，拉伊菲對賈納嗔道：「你辛苦釀酒，就是為了分送給大家？」

「酒不是我釀的，是神透過我的手釀的。不然我們只會有一地窖的醋。」

「你正經點。」

「反正本來就是做好玩，不賣的。」

「便宜了這些打秋風的窮鬼了。」

「沒辦法。誰叫現在是忠孝節呢？我不殺羊分肉給窮人，送酒也是一樣的道理。」賈納俏皮回嘴。

旁邊一個機靈鬼聽了，斂眉正色：「Bismillah奉真主之名……」

「真主賜福。只有神能讓葡萄化為美酒。」賈納肅立回禮。

這幾句伊斯蘭教徒從不離嘴的真言，我耳朵早聽熟了，但從這些浪蕩子女嘴中吐出，怎麼聽都奇怪。這種口誦阿拉，感恩有好酒喝的荒謬感，好笑歸好笑，難道他們不怕被雷劈死？

他們有點像百老匯歌舞劇《吉屋出租》（*Rent*）裡面的那一群坦坦蕩蕩、

遊戲人生的嬉皮藝術家。反抗權威的自由主義者和正統穆斯林就像油和水一樣合不來。

工作終於完成，酒窖和院子都打理乾淨，大家累癱了。賈納滿臉的喜樂，微微張開雙手，手掌向上，輕輕地說：「希望阿拉保佑，讓明年我們也有好酒。」

這麼安祥的口吻，我只在心裡有信仰的人口中聽過，深信不論如何都能依靠比自己更大更強的力量，像待在自己家中，知道就算手機電池沒電，隨時可以充飽電的那種心安。

他到底怎麼做到的？

穆斯塔法死後，賈納痛苦不堪，無數不能成眠的夜晚，他被巨大的恨意吞噬，深感自己的渺小脆弱。

「為什麼？為什麼？」他不斷對著虛空叩問。

賈納不時回憶起，他的事務所接了幾個訴訟案子，工作壓力極大，深夜常來自己投資的餐廳小酌幾杯，遇到剛上工不久的穆斯塔法。

投資餐廳的好處就是永遠有一張專屬的桌子，和殷勤到傻頭傻腦的服務生。

賈納帶有幾分醉意，對一盤羊肉挑起嘴來：「羊跟人一樣，天生有左撇子和右撇子，左撇子的羊的左腳，一定比右腳好吃。」
「這要問誰？肉店的屠夫嗎？」
「這屠夫也不知道。羊活著的時候，你要仔細觀察，不然，就要和牧羊人套好交情。」
穆斯塔法哈哈大笑，然後下次用家鄉奶奶的食譜，燉了一鍋香料羊肉。
這讓自詡為美食家的賈納大為驚豔，一手調教穆斯塔法，在他還是服務生兼打雜廚工時，打開他的眼界，養刁他的嘴巴，墊高他的格調，帶他進入高級廚藝的圈子，發掘他、訓練他、栽培他、激勵他、資助他。
愛他。
多麼愛他呀。
賈納像照顧自己親人一樣，接納他兩個無處容身的堂妹。
當拉伊菲生下孩子，賈納也來湊一腳，幫孩子找幼稚園讀，幫母親找中學讀，並且不置可否地，甚至滿心歡喜地，當孩子名義上的父親。
因為這讓他覺得他和穆斯塔法真的是一家人。
直到穆斯塔法變成一具法醫室裡的屍體。

而兇手是他的親弟弟，長得像年輕了十五歲的穆斯塔法。

悲傷是最漫長的一刻。賈納消沉良久，大病一場，瞪著死神從酒杯裡浮現的臉，彼此打了好幾次照面。生命陷落時，他試圖找尋至高的存在，消除滿腔疑惑。人總是面對無常，才想起神的大能。

穆斯塔法到哪裡去了呢？死後還剩下什麼？人真的有靈魂嗎？這是命運嗎？神真的允許謀殺嗎？人為什麼要遭遇這些痛苦呢？

他讀遍經書和神學家的研究，尋求慰藉，赫然發現不少飽受誤解的法令的起源，竟然都充滿人道關懷。

「要徹底摧毀異性戀男子的意志，就是被另一個男人強暴。在《舊約聖經》的年代，肛交是最羞辱男性尊嚴的暴力，往往伴隨著血腥謀殺。當初先知穆罕默德嚴禁的，應該是這種野蠻的雞姦私刑，而不是同性戀兩情相悅的性行為。」

他邊講，邊想著要如何對我措詞：「但後來因為詮釋經文方式的不同，伊斯蘭教法才把同性戀列為重罪。」

「喔……竟然還有這種說法。」我恍然大悟。

我說：「說起來很好笑不是嗎？當初穆罕默德先知可是最大逆不道的叛徒，

還被族人趕出麥加。佛陀、耶穌也曾讓那些自以為是的老人大驚失色。」

賈納深入探索自己的內在，終於了解他不是抗拒宗教，而是厭惡那個以神之名，強按黑羊低頭喝水的體制，以及那些扭曲神的話語、恣意行惡的雙面人。

在土耳其喝茴香酒已經成為一種類似心理治療的儀式，伴隨著酒水、下酒菜、音樂，以及百無禁忌的談話，沒有失意人應該自己獨坐喝悶酒，沒有斷腸人應該心頭鬱結，雖然人生不如意十之八九，但茴香酒宴不以傷心事為話頭。

土耳其人天性豪爽熱情，酒酣耳熱後，心裡再怎麼鳥的狗屎也會化成荒腔走板的唱腔，催化情緒，大哭大痛後，達到亞里斯多德所提出的「洗滌宣洩」的心理功能。

茴香酒宴是叛教者的同樂會，黑羊在其他人闔家團聚的時候，聚在一起取暖。對至親的家人來說，黑羊是背德者，不信者，不潔者，來世註定無法在水草豐美的永恆天堂裡歇息。

但黑羊不怕，痛飲茴香酒，唱著「喝杯酒吧。這就是永生。」和自己的故鄉一刀兩斷，老死不相往來。從此我就只是我，飄飄蕩蕩，了無牽掛。

「粗劣的離開細微的，細微的離開粗劣的，可瓦解破滅的離開不可破滅的，有形的離開無形的，從而讓實體變得更具靈性，讓不可愛的變得可愛，讓靈性由其細微妙處更顯輕靈，帶著潛藏的效能和力量滲入人體，以盡其療癒的功能。」

十六世紀初關於蒸餾法的一段古老文字，濃縮的根本不是酒水，而是純淨的靈氣。所以，烈酒才叫做spirit。

「我知道教規對年輕一代造成巨大壓力，要瞭解教規背後的原因，就要回到當時的時空背景，才能看到信仰的真貌。盲目排斥或墨守成規，雙方只會愈來愈沒有交集。」

賈納加了幾個冰塊到面前的茴香酒杯裡：「沒人比我更了解，這些孩子在體制內受了多重的傷。我能做的就是讓大家過節時有地方去，準備一張讓他們傾吐發洩的酒桌，說說笑笑，反正釀私酒本來就需要人手幫忙，像回家一趟。」

「哪天等他們遭逢衰老病痛，生死交關，口乾舌燥之時，還是需要神的慰藉，說不定我能在旁邊提供幾句指引，讓他們感受到祂無上的慈悲……」

他長長吐了一口煙：「畢竟，人的極限，就是神的開始。黑羊白羊，都是神眼皮子下的孩子呀，茴香酒醒之後，總會發現自己仍需要水喝的。如果阿拉允許的話（Inshaalla）。」

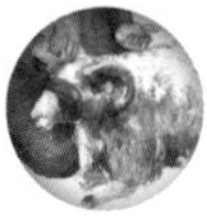

# 土耳其：羔羊獻祭。

家族團聚總要打打牙祭，自家可保存的小部分獻祭羊肉正好派上用場。豐富的菜餚擺在地毯上，從牆的一邊，一直排到牆的那一邊。從老人到幼兒，人人席地而坐，吃飽了就喝茶喝咖啡，接著是黏牙酥脆的各式甜食，一直聊天到下一頓飯，用唱歌跳舞幫助消化。

古老遊牧民族的集體潛意識一到了宰牲節，頓時活躍了起來，磨刀霍霍，殺牛宰羊。宰牲就是獻祭，起源於《舊約聖經》亞伯拉罕對耶和華全心臣服，甚至願意獻上自己的親生幼子。

對穆斯林來說，宰牲有向真主表示虔敬的重要宗教意涵。

「我能看宰牲嗎？」我在伊斯坦堡時跟鉤克汗說。

「我很久沒宰牲了。」

「你鄉下老家也不宰牲嗎？」

「我來伊斯坦堡念書後，就很少回老家了。」

「那你知道要去哪看嗎？」

「咦……？」

「不是說宰牲節是一年一度的大節日嗎？」

鉤克汗有點無奈地看著我：「你知道宰牲很血腥吧……」

「我知道。」

「而且，獻祭是男人的工作。女人通常不去看的。」

「女人是不願去，還是不准去呀？」

「也不是不准啦。」

「那我可以去囉。」

「可以是可以。」

「好不乾脆喔。你在外地大城市工作，一個單身漢，應該沒辦法按照古法吧？」

「沒錯。所以我都直接捐獻給清真寺，請他們處理。」

「處理什麼？」

「把牛羊宰了後再分送給窮人呀，他們和社福體系長年合作，有清寒家庭的名單。都市裡人際淡薄，連隔壁鄰居也不見得認識，怎麼把大半頭羊的鮮肉有效率地分送給需要的人，一定要事先規劃……更何況肉還有冷凍和衛生的問題。」

「除了鄉下地方，現在宰牲的場地都有規定的，不能像以前一樣，一把刀一桶熱水，在自家門口三兩下就解決了。」鉤克汗說：「何況，都市人的神經脆弱得很，沒辦法接受要吃羊肉串燒就要殺羊這個血淋淋的事實。」

鉤克汗說不過我，卻又沒空，只好找放了假的小堂弟歐罕陪我去。歐罕時髦，英文流利，在伊斯坦堡念醫學院，只有過節時才回老家。

宰牲節那幾天的宰牲必須集中管理，通常就是那個地區的屠宰場。

歐罕說：「我們有一句諺語『狗只靠宰牲節的肉骨頭，是吃不肥的。』而這些人卻覺得他們一年一度奉獻一隻羊就能上天堂……我的天哪……真可笑……」

我說：「慷慨需要練習，就算只有一年一次，總是個開始。搞不好大家覺得慷慨還不賴，索性繼續慷慨下去。」

那個小伙子一肚子的不合時宜，和其他同輩一樣，對傳統宗教不以為然，酸起來ＰＨ值簡直破表：「除了讓自己感覺良好，這樣大規模屠殺動物，有什麼意義？」

「你到底有什麼陰影呀？」我問。

他慢慢地說：「我很小的時候，回老家住了一陣子，爺爺突然牽了一隻可愛的小羊，要我負責每天餵水餵草，小羊認人，看到我就會上前磨蹭我。」

「然後呢？」

「然後，小羊長成大羊，到了宰牲節，我爺爺把刀磨利，當著我的面把我的好朋友給宰了。」

「Oops（哎呀）……」

「我爺爺說男人一定要學會宰牲，不然不是男人，將虔敬的信仰之心奉獻給真主，把羊肉布施給窮人blahblahblah」他又開始翻白眼。

我不知道該怎麼接話，問他「你接著有去看兒童心理醫師嗎？」好像也不對。

我訥訥地問下去：「每個男人都會殺羊嗎？」

「傳統一點的家庭會，而且羊要殺得好，需要練習。現在一到宰牲節，醫院急診病患就爆增，全是殺羊時不小心割到自己的蠢蛋。」

-127- 羔羊獻祭

我說：「好可憐。」

「可憐的是那些羊，脖子被割好幾刀，還不能痛快地走。」

我頓時感到抱歉，為了我這個奇怪的外國人異想天開，累得他陪我跑這一趟。

進到屠宰場，我看到有人高舉雙手，有人雙手掌心向上，手持屠刀的漢子口中默念真主之名，俐落地割斷牛羊的氣管和頸動脈。

滿地都是鮮血，像下雨天的積水，溝渠泊泊流著血水。好幾個人專門拿水管來回將地板沖洗乾淨，水氣帶走了些許熱能，奇妙地給人一股清涼感。

牛羊被放倒在地，膝蓋跪地，仰著頭等著那致命的一刀。牲畜哀號，噴出鮮血的剎那間，我軟弱地閉上眼睛。

殺生對我來說，仍然不是太愉快的事。但我覺得口中嚷嚷著「好殘忍……」，卻仍吃肉、使用皮革製品的人，是天下最天真偽善的人。

美索不達米亞是人類文明的搖籃，羊是人類最先馴化的家畜之一。

羊毛可織毛衣毛氈禦寒，羊皮可做鞍韉帳棚。羊群是移動的財富，最可靠的生活來源。所以亞伯拉罕以降一脈相承的猶太教、基督教、伊斯蘭教，都把羊當成重要的宗教象徵。

歷代的先知聖人不少都是牧羊人。直到今日，天主教廷顯赫的權杖仍脫胎自牧羊人卑微的木杖，牧養信眾的靈魂。

現場是個小型的泰勒生產線，剝皮的剝皮，剪毛的剪毛。剝下來的皮革，羊毛和羊皮都可以用。

光禿禿的羊頭露出上下排的牙齒，笑得爽朗酣暢，像剛聽了一個黃色笑話。整顆羊頭水煮或燒烤後，可敲開吃羊腦，或吃羊頰肉。內臟可切碎燉羊雜。肝臟切小塊串起來，在炭火上燒烤，就是最上等的美食。

除了羊叫聲，從羊頭吃到羊尾巴，一點都不浪費。

我聽到成群的待宰牛羊嗚叫，腳蹄翻起陣陣黃沙，心酸頭暈反胃。

但畢竟是我堅持要來的，所以臉色不肯在人前大變，只好默默用頭巾遮住臉，希望能掩蓋血腥氣。

頭巾遮住了我的視線，不小心一腳踏入一旁堆積成山的半消化草料中，那是從剛宰殺的牛羊胃袋中掏出來的東西。

我幾乎快尖叫了。我沒感到一絲一毫獻祭的神聖。

我只想哭。

求方便衛生就必須集中管理，最終不免流於形式化。無數牛羊被送上輸送帶似地運往屠宰場，我在這一個環節只看到血腥，除此之外沒別的。

上網刷信用卡捐筆錢，就有專人幫你殺隻羊，再把羊肉冷凍宅配出去，然後真主就會贊許賜福，保障你在天堂的一席之地？

真的嗎？

或許歐罕是對的？

或許這不過是人類的自我滿足罷了？

在伊斯坦堡之類的大都市過宰牲節，有點像臺灣的中元普渡，廟裡的信徒包下一桌一千二，繳了現金就不用自己準備拜拜供品了。

去鉤克汗老家的路上，我問他：「所以，今年你捐錢奉獻了一隻羊？」

「對。或者是找七個人，湊錢捐獻一頭牛也可以。」

「捐了錢就沒你的事了？」

「之後我會收到一小部分的肉。」

「不捐會怎麼樣？」

「不會怎麼樣。但我會覺得我好窮。」他說：「奉獻後的心滿意足，很值得花那一筆錢的。」

家族團聚總要打打牙祭，自家可保存的小部分獻祭羊肉正好派上用場。親友相聚，進了門，每個人擺開大陣仗親吻每一個人，賓客用香水洗手、吃糖，坐在屋子中央那一大塊節慶才鋪開來用的古董地毯上。

女人在廚下忙亂，切肉剁菜的聲音悅耳，飄出牛肉香料飯和燉羊肉的味道。豐富的菜餚擺在地毯上，從牆的一邊，一直排到牆的那一邊。從老人到幼兒，人人席地而坐，吃飽了就喝茶喝咖啡，接著是黏牙酥脆的各式甜食，一直聊天到下一頓飯，用唱歌跳舞幫助消化。

「我希望看宰牲沒有毀了你吃肉的胃口。」

「喔，怎麼會呢。」我心虛地乾笑，跳過午餐去外頭閒逛，空腹向小販買了一串葡萄，希望晚餐時間永遠不會來。

當我坐在清真寺陰涼的柱子下慢慢吃葡萄時，遠遠看到一個老人牽了一頭羊。

「不會吧，又來了。」我想。

令我好奇的是，後頭還跟著一群女人，手上拿著鍋碗瓢盆或塑膠袋。那群女人是從敘利亞內戰逃到土耳其的難民，滿臉菜色，常在路上乞討零錢和麵包。

那個老人把羊牽到清真寺旁的空地上，把羊放倒，腳綁起來，輕聲安撫後，刀光一閃，快手快腳瞬間就把羊給殺了，羊蹄在空中踢了幾下，鮮血汩汩流出，沙地上很快積了一灘血。

他先把羊頭割下，拿出繩子綁住羊後腳，把斷了頭的羊屍用槓桿原理吊在電線桿上，用小刀像脫毛衣一樣把羊皮脫下來，露出光溜溜的羊身。

伊斯蘭教徒不吃血，先把血放乾淨。

那群女人安靜地看殺羊，小孩愈圍愈大圈。老人不知跟女人們說了什麼，女人們排起隊，彎彎曲曲像喝醉的鐵路。

老人先砍下一隻前腿放在一旁，然後從羊的屠體割了羊肉，依序分給隊伍中的女人，每當他把一塊肉放在碗裡時，那個女人就喃喃誦念：「bismillah 奉真主之名……」

老人回覆：「真主賜福。」

轉眼間，那匹無頭羊頓時被分成好多塊，被這些難民帶回家去細細咀嚼，女人們心滿意足地離去，老人笑皺了老臉，拎著羊腿回家了。

看著老人的背影，我突然想到我媽說小時候家裡窮，只買得起一小塊油花來抹鍋底炒菜的往事。每晚十幾雙筷子，就配著那一丁點油腥味，在油燈下草草果腹。孩子傻問：「為什麼不拜拜？拜拜就有肉吃了。」

肉類長年在人類飲食中，一直都無比貴重。一匹牛留著耕田，一頭羊留著產奶，一隻雞留著生蛋，效益都比吃掉來得強。

除非宴客節慶，不然說不定那隻羊老人自己都捨不得殺。

伊斯蘭教義注重社群和諧，強調布施的功德。因此老人擁有不多，還願意將平常難得吃到的鮮肉，慷慨分送給窮人。

肉是節慶的食物，多麼令人望眼欲穿呀。這些敘利亞難民可能很久不知肉味了，戰亂流離，有一塊羊肉可以和家人好好過個節，就是阿拉慈悲了。

地上的羊血，一下就被黃土吸乾了，風沙迎面吹來，彷彿剛剛那一幕從來沒發生過。

# 伊拉克：地毯隊長愛喝茶。

在茶的世界裡，伊拉克和英國其實沒有想像中的遙遠，啜飲的都是產自印度或斯里蘭卡的紅茶。不過這裡茶渣茶梗很多，澀了點，放心不要緊，多加幾塊糖就好了。

伊拉克反恐戰爭後期，史蒂芬隊長被派到巴格達。

軍命難違，他暗自發誓：「誰鳥這場天殺的白痴戰爭？我的任務就是把我的手下安全帶去、再安全帶回來，如此而已。」

他帶隊出去偵測敵軍時，其實只不過找掩護挨過幾個小時，換個地方抽菸睡覺，消耗彈藥，好交差了事，當然他的手下也樂得清閒，這個祕密誰都不說。

有名下士心生疑惑，史蒂芬隊長回問：「如果我們樹敵的速度，遠遠快過殺敵，就算逮到每個潛伏在山洞、帳棚、街角製造炸彈的恐怖分子，那又怎樣？」

那些飽受不公與貧窮之苦的伊拉克青年只會前仆後繼，粉身碎骨、灰飛煙滅之際，心中誦念著一首詩：「宣禮塔是我們的刺刀，圓頂是我們的鋼盔，清真寺是我們的兵營，信士是我們的軍隊。」

史蒂芬隊長戴上太陽眼鏡假睡時，聽到手下士兵邊用小刀將乾糧餅乾切小塊送入嘴裡，邊懶懶地瞎聊。

「你最怕什麼？」

「我怕死在這個只有烈陽、黃沙、鮮血的鬼地方，再也見不到我的未婚妻。」

「那你最愛什麼？」

「我的未婚妻。」

「廢話，那還用說嗎？」眾人白了他一眼。

「你知道當年十字軍東征為什麼失敗了嗎？為什麼基督教沒征服伊斯蘭教？」

「不知道。」

「因為性愛和死亡是人性最大的趨力。伊斯蘭教徒把性愛當成死亡的禮物。」

「你在說什麼鬼話？」

說話的人頭上挨了一拳，他抱著頭繼續說：「真的啦！他們相信戰死沙場的男人會直昇天堂，那裡有七十二個漆黑眼眸的處女百依百順地服侍他們……（註一）」

「七十二個……嘖嘖……」

「聽起來就像花花公子豪宅派對……」

一群大男生竟然豔羨起來。

「難怪這裡整天都在打仗……哪個男人到了青春期不被賀爾蒙驅動……？」

「原來性生活太苦悶，想解解火，所以全都不想活了。」

「不知道天上的處女會不會缺貨……」

一群人轟笑成一片。

中東習俗是進入屋舍前，首先就是脫鞋，好保持屋內地板乾淨，因為當地人吃飯喝茶全盤腿坐在地毯上。

史蒂芬隊長發現不少占領軍進出民宅執行任務時，穿著骯髒的軍靴踩在伊拉克人每天五體投地做禮拜的地毯上，成群結隊，囂張到無以復加。

居民不但飽受驚嚇，也累得伊拉克主婦們要跪下來擦地板、洗地毯。

「這樣太無禮了。」史蒂芬隊長沉思了良久，又覺得進入民宅前萬萬不能學當地人脫鞋，因為軍靴很重，穿脫費事，只穿襪子有辱軍職尊嚴，全副武裝的士兵們擠在門口脫鞋的蠢樣能看嗎？

再說也不太安全，軍靴畢竟有保護作用。

於是他想到一個點子。

史蒂芬隊長速速命兩名小兵去當地的市集訂做幾塊長地毯，每進入民宅時，就遣人先從門口一路鋪自己帶來的地毯到內庭，他就在那裡請那戶人家的男人出來問話，很有幾分封疆大吏的氣派。

他吩咐手下只能走在自己帶來的地毯上，禁止隨便亂闖，這樣就不會把民宅的地板弄髒。他不讓手下的士兵進入內室騷擾，更不會看到沒包頭的婦女頭髮。

離開時，執勤的小兵就蹲著把地毯捲一捲，扛在肩上，揚塵而去，連一根頭髮都沒留下，彷彿他們一行人從來沒來過。

史蒂芬隊長除了對當地習俗表示尊重外，在鋪地毯的一、兩分鐘內，屋內如果真有可疑的恐怖分子，也能先行溜走，避免正面衝突，減少自己弟兄的死傷。

他就是安著打草驚蛇的心。

「老人在議會說大話，青年上戰場丟小命！」他看著手下的大男孩，連他自己也不敢相信，他在他們的年紀時，怎麼會有這些為國捐軀的傻念頭。

發戰爭財的都是富人，受罪的全是窮人。

戰爭不但流淌著鮮血，更明裡暗裡流動著超乎想像的鉅額金流。企業和政府連成一氣，好戰嗜血地發動戰爭。反正別人家的孩子死不完。

畢竟軍旅生涯吸引不了中上階級的子弟。

窮人家的小孩投身軍旅，是為了離開家鄉小鎮，出來見世面闖天下。不然留在家鄉，多半和父母住在一起，領最低工資過活，一輩子沒坐過飛機。

而有錢人家的小孩總是去念吃白麵包穿硬領的中學、喝淡啤酒穿馬球衫的大學、喝星巴克咖啡穿三件式西裝的ＭＢＡ，然後進入喝瓶裝水的跨國大公司就職，把飛機當成巴士一樣坐，今天倫敦明天紐約四處飛來飛去。

那些大公司搜羅了最精銳的腦袋，研發不會被金屬探測到的塑膠地雷之類的殺人藝術品。透過政府採購案，把這科技奇蹟送到異國他鄉，埋入地下，炸斷無數人的手腳。

這些東尼・史塔克（註：電影《鋼鐵人》主角）們的手腕多靈活呀，炸斷別人的腳，他們不會感到抱歉，生意就是生意，說不定接著還有義肢的單子可接。反正他們閒來無事就是研發鋼鐵人和泡妞，絕對不會去當大頭兵。大破壞之後的大建設，種種油水，也只有家大業大的東尼・史塔克吃得到口。

他們寧可相信自己生活在原始均衡的井然有序中，總是鮮衣怒馬，總是西裝革履。他們最接近真實的時刻，可能就是偶爾一瞥晚間新聞氣象報告之前，那短短幾十秒的世界報導。

冷氣室中感受不到戰爭的火焰、兒啼女哭。

這些狂妄書呆自己不用承擔上戰場的風險，於是像打電動遊戲似地遙控戰爭，威脅千里之外其他人的身家性命。

獎酬無限，而不用負擔一絲的懲罰。

戰爭是筆穩賺不賠的大生意。

「他們從沒有同袍死在眼前，光亮的皮鞋不曾踏入這個被上帝詛咒的戰區一步。」一想到鞋子，隊長低頭看了看自己骯髒的軍靴沾滿美索不達米亞的黃沙。

伊拉克婦女很高興終於不用擦地板上的髒鞋印，婆婆媽媽們竟然開始用僅存的瓦斯燒茶水，端熱茶給他和弟兄喝，英國人本來就嗜茶，史蒂芬隊長不疑有他，直接喝了一杯又一杯。

在茶的世界裡，伊拉克和英國其實沒有想像中的遙遠，啜飲的都是產自印度或斯里蘭卡的紅茶。不過這裡茶渣茶梗很多，澀了點，放心不要緊，多加幾塊糖就好了。

茶和糖的價格忽高忽低，貴得嚇人還是橫了心買。來者是客，是客人就要有茶喝。

不用多久，當地居民給了他一個「地毯隊長」的綽號。他非常好認，只要士兵中有人扛著幾卷地毯，就是史蒂芬隊長帶的隊。

美國駐軍仰天哈哈大笑，挖苦道：「你們自備地毯到底是為了什麼？走好萊塢星光大道嗎？你的小金人在哪裡？」

史蒂芬隊長也跟他們打哈哈：「我從小就著迷《一千零一夜》，現在到了巴格達，當然要買幾塊地毯，看看能不能飛上天。」

「那不是騙小孩的童話嗎？」笑聲更大了。

「或許吧……就像大量毀滅性武器一樣。」

一天他接到急令，要去某處集合。

他們一行人卻嚴重腹瀉嘔吐，潰不成軍，史蒂芬隊長一面找廁所一面心裡狐疑：「該不會是剛剛那兩個蒙著頭臉的老女人煮的茶有問題吧？」

大男人要找廁所倒不是怕羞，而是防彈背心和頭盔之間的脖子最脆弱，怕蹲在戶外的地上方便，遠遠就被狙擊手當成獵物，射穿頸動脈。

當他們蹲完馬桶，頭重腳輕，雙腿發軟，好不容易才整隊出發，前方立刻傳來大爆炸的聲音，接著雙腳感到地震般的振動，屋頂上震下的陳年灰塵像大雪飄落。

幾名恐怖分子自殺攻擊，當場炸死了很多外籍軍人，傷亡慘重，傷患前所未有地把戰地醫院擠爆了。

人活生生被炸成碎片，血肉黏在牆上，要用油漆刮刀才能鏟乾淨，空氣中的血腥味厚重到可以咀嚼。

史蒂芬隊長申請了退役，幾年後，他幫我一面倒茶一面說：「千萬不要低估婦女捍衛居家所做的努力，當她們知道你尊重她們的辛勞，她們就把你當成自家的兒孫一樣愛護。」

我坐在他「像舔過一樣乾淨」的廚房裡，故意壞心眼地嘲笑他，昂昂七呎的男子漢，竟心細如髮，在意弄髒別人家地板這點雞毛蒜皮的小事。

「嗯……其實……當年就是我媽對我大吼，警告我不要隨便踩她剛擦好的光潔地板，我嫌囉嗦，頂嘴大吵，一氣之下才翹家輟學去從軍的。」

註一——其實從《古蘭經》原文看來，有一派說法主張，所謂「黑眼睛的美好伴侶」其實是中性詞，可男可女，榮耀真主的信士兄弟姊妹上天堂後，都不會落單。

# 庫德：偷渡紅茶之歌。

我在茶裡加了顆糖，輕輕用茶匙攪拌，茶湯起了個漩渦，茶匙輕觸玻璃杯，發出清脆的叮叮聲響，這應該是讓每個庫德人最能放鬆神經的聲音了。

## 一、哈吉老師

土耳其東南方的迪亞巴克爾（Diyarbakır）是境內庫德族區的第一大城，高聳的城牆環繞著這座邊塞古城，黑灰色玄武岩砌成的舊清真寺前的廣場，擺著許多喝茶的小茶几，喝了茶的，還沒喝的，做完禮拜的，還沒做禮拜的，在一天五次悠揚的喊拜聲中，人群交錯來去。

東方臉孔在這裡，比熊貓還稀有，在厭倦一天回答三十次、五十次「你從哪裡來」之後，我只好把頭臉蒙起來，省得整天要滿足路人的好奇心，順便遮陽防風沙。

我坐在牆角陰影喝礦泉水，順手把帽子和頭巾摘下。

「來喝杯茶吧，來自遠方的客人。」身後竟然傳來一句英倫腔的英文。

我回頭一看，聲音來自角落的小老頭，中氣十足，非常有磁性，耳朵被一陣春風拂過，像剛聽了帕華洛蒂。

這裡可不比伊斯坦堡、安卡拉，連大學畢業生也不見得能講幾句英文，「他竟然能說英文！」我好奇心起，打量了他一下。

他衝著我笑，頭上一頂常見的灰色法式扁帽，手上一串黃念珠，滿頭白髮，濃眉挺鼻，額頭上每根皺紋都藏著故事，眼睛靈動有神，有幾分史恩・康納萊（Sean Connery）的影子，從對稱的五官輪廓判斷，他年輕時很有本錢去拍電影，只要不掉頭髮，一定可以蟬聯「全迪亞巴克爾最帥的老頭子」的頭銜。

茶來了，我們不急著喝，照例彼此自我介紹，關切問候一番，他並不像一般內陸居民純樸到略顯土氣，不因太好奇而用各種問題轟炸你，也不因資訊貧乏而囫圇吞棗各種答案。

他好像什麼都見識過了，氣定神閒，外國人沒什麼好奇怪的，不也一樣喝茶過日子嗎？

我滿驚訝他立刻就學會念我的中文名字，字正腔圓，聲調準確。

熱紅茶裝在葫蘆曲線的透明小玻璃杯裡，小巧的玻璃托盤上擺著小茶匙和幾塊方糖，端起來，手上彷彿開了一朵磚紅色的鬱金香。

語言不通阻擋不了庫德人天生的好客，這裡的計程車司機甚至豪爽到拒絕收費，我和朋友常常只好丟下車資快步離去，跟市場攤販買串葡萄要付錢，大叔總是揮揮手，「當禮物當禮物。」

他們搶著請你喝茶時，比的手勢就是左手握立拳，右手食指向下畫圈，模仿攪拌方糖的動作。

我在茶裡加了顆糖，輕輕用茶匙攪拌，茶湯起了個漩渦，茶匙輕觸玻璃杯，發出清脆的叮叮聲響，這應該是讓每個庫德人最能放鬆神經的聲音了。

老人說他年輕時在英國待了一陣子，自學過一點英文。最後我問眼前這個庫德版的史恩・康納萊：「您是做那一行的？」

「我是說故事的人。」

喔！多浪漫的工作！我全身寒毛都豎了起來！「我之前出了一本書，也算說故事的同行吧。」

「Masha Allah（讚美真主）！多好的姑娘，讀書識字的。」

「請問，這張傳單在講什麼？」聊著聊著，我把剛剛在路上拿到的傳單塞到他手裡，那幾個發傳單的軍裝年輕人慷慨激昂到讓我不好意思不拿。

「我看不懂。我不識字。」他乾脆地說，推了推眼鏡：「但我猜一定是要求釋放PKK（庫德工人黨）游擊隊領袖的宣傳單。」

我大吃一驚，心中懷疑：「什麼？連傳單上的字都不能讀，竟然能和我說英文？」但我當然沒講出來。

他看出我的表情，一派輕鬆：「對我來說，任何語言都是一種音樂，有故事的音樂。我的耳朵喜歡，但眼睛不喜歡。」

一面拍拍滿頭花白的腦袋：「不管誰開口，任何音樂到了這裡，就住下來了。」然後指著嘴：「跟著唱唱哼哼，下一次，就能講了。」

怪不得他的英文，我聽起來都像一種曲調，唱歌似的流暢。

有時非常文雅，像是珍・奧斯丁（Jane Austen）裡的段落，有時卻是粗鄙嗆辣的俚語，非在貧民窟待過絕對說不出口，有時如ＢＢＣ新聞般正式嚴謹。

聽英國朋友說，英式英語能從最細微的口音腔調，來判斷一個人的出身和社經脈絡。

油條的像政客，平實的像主婦，詰屈聱牙的像學者，粗野的像挖礦工人，字彙用語累積自形形色色的人生經驗，他的神奇耳朵在極短的時間內，接收周遭生活中每張嘴巴吐出的音節，辨別文意，大量模仿，反覆練習。

然後一輩子存在腦袋裡，等到時光把奶油小生變成老帥哥，坐在清真寺前曬太陽喝茶，和觀光客閒聊剛好派上用場。

「您一定有很好的記憶力和音感。您是音樂家嗎？」

「嗯……應該是。但我只唱歌。」

「那您是歌唱家吧！」

「我就是個說故事的人。」

「那您的故事哪裡來？」

「從生活裡來。我聽過的聲音從來不會忘，存在腦裡，隨時都可以用。ㄚ頭呀，隨身帶著紙筆，能讓你變成真的職業作家。」

我嘴裡的一口茶簡直噴了出來，這個文盲老頭說的話，竟然和我大學教創意寫作的教授一模一樣。

我開玩笑：「那您就是我的『霍加』了。」

「霍加」原來的意思是在清真寺教導伊斯蘭教義的老師，但土耳其的大學生也常暱稱大學教授為霍加，到後來常拿書卷獎的宅宅書蟲，也被同學叫霍加了。互相虧來虧去，霍加霍加的，我也學了起來，感覺就像臺灣網路鄉民會稱神人高人為「某某大」以表崇拜一樣。

「哈哈哈！我是哈吉，不是霍加。」他大笑起來，露出一口白得驚人的好牙齒。曾去麥加朝拜的伊斯蘭教徒，才能獲得「哈吉」的榮銜。

被我一逗，哈吉教得更起勁：「但你可不要把頭埋在紙堆裡抄抄抄，要像沙漠中的石頭一樣，嚴冬或暖春，時時用心感受當下風的吹拂，把風跟你講的話刻在靈魂裡，inshallah（阿拉允許的話），自然而然你就有傾訴的渴望。」

「對一個說故事的人來說，把故事說好的第一要件就是想說故事的衝動。就算挨打也要說，賠上大錢也要說，說了才身心舒暢，死都甘願。其他都是次要的。」

我不禁呆了，他表情豐富，配上靈活的肢體語言，像個默劇演員，就算他是啞巴，我想我也能瞭解大半，而他這幾句英文，非常簡單卻富含意象，還點出創作的精髓。

我不禁好奇他若用母語說起故事，會有多麼吸引人呀。

「那寫出好故事還需要什麼呢？」我真的連筆記本和筆都翻出來了。

「需要想像力，就像這張茶几，雖不會說話，你要能揣摩茶几的感覺。這茶托盤雖然沒有裝飾紋路，你要能想像描繪上枝葉圖案的樣子。」

「除此之外，就是連結，你還要會連結不同的小事，在這個神造的世上，沒有任何事不曾發生過，只不過連結的方式不一樣，順序不一樣。」

他隨手丟了兩個方糖到嘴裡，含了幾秒鐘，「喀喀喀」咀嚼著方糖，再喝一口茶，繼續「喀喀喀」咬啊咬，就著茶水慢慢嚥下喉。他真應該去拍牙膏的廣告。

「好特別的吃法。」

他眨眨眼，一臉調皮：「吃方糖是我保養喉嚨的祕訣。」

我覺得他在說笑，不過就是個愛吃甜的小老頭吧，心想：「保養喉嚨？真可愛。這把年紀想吃糖何必找理由呢？」

我又加了一顆方糖到杯裡，其實我喝茶不習慣加糖，但這裡的茶很濃，不加的話會澀口。

## 二、偷渡紅茶

庫德人長年慣喝完全發酵的紅茶，濃茶的色澤暗如泥土，重如磚塊。茶葉產自斯里蘭卡，海運至伊拉克或伊朗後，再由商人經陸路偷渡進入土耳其國境。

一出了東南部的庫德人大本營，土耳其到處只喝得到黑海沿岸的國產紅茶。土耳其的黑海茶葉產銷販運是國營事業，由政府專賣經營。販賣來路不明的茶，就像臺灣早期販賣私鹽一樣犯法。

走私的紅茶當然沒上關稅也未登記在案，檯面下被戲稱為卡恰克茶，意為「偷渡茶」。

庫德人嫌國產黑海茶淡而無味，宛如白開水；非庫德族的土耳其人則覺得來自斯里蘭卡的偷渡茶簡直濃得像一碗藥湯，沒事給嘴巴和胃找罪受。

我喝慣臺灣好茶的刁鑽舌頭嚐來，只覺得一個濃過一個，當地形容茶湯顏色為「兔子的鮮血」。

古老的肥沃月灣是庫德族人的家鄉，他們幾千年來在底格里斯河旁放牧成群的牛羊，將黃土青草化為鮮奶和乳酪，導引幼發拉底河的水灌溉小麥，烘烤麵包，釀造啤酒。

茶原產自中國南方，自古就夾雜著絲綢瓷器零星外傳，中國西南的茶馬古道興於唐宋，盛於明清，一路飄香遠至南亞和西亞。

茶文化開枝散葉的貿易史，仍然保留在語言裡，照最粗略的分法，今天各國語言中的「茶」的發音，若是cha，多半是通過陸路，和絲路脫不了地緣關聯；若是te（音近似臺語的茶），則多半經由海路，透過歐洲海權國家飄洋過海而來。前者比後者起碼早了好幾百年。

庫德族人早透過舊有的絲綢之路和香料之路，商旅往來南亞和中東，駱駝驢子載著茶葉，載著寒冬的溫暖，載著好客的豪情，載著帳篷裡的茶香。

十九世紀的英國商人將貿易用的紅茶樹移植到印度和斯里蘭卡，在日不落國的帶領下，全球各地都忙著學喝「茶」這個新玩意。茶才真正普及到尋常百姓家，成為低廉的大眾飲料。

茶葉好保存，泡起來快速方便，經濟實惠，喝起來比咖啡順口潤喉，多喝幾杯也不傷胃心悸，振奮精神，加糖還能補充熱量。

茶又不像咖啡味道厚重，會搶了食物的風采，既可以佐餐，又能配甜點，吃飽了或什麼都沒得吃時，只來一杯茶也不覺得寒酸。

更別提庫德人多半信仰阿拉真主，伊斯蘭教禁止喝啤酒、葡萄酒，喝果汁要果樹結果，喝奶類要動物產奶，茶卻只要燒壺開水而已。

人是社會動物，茶能惠而不費地滿足彼此分享交流的心理需求，先喝幾口茶，腸胃一暖，交情也熱絡起來了。

茶於是占盡天時地利人和，很快取代了自古流傳的咖啡，直到今天，大家明明坐在咖啡店，點的卻幾乎都是茶，咖啡反而節日慶典或婚禮時才喝。

茶雖是外來的新鮮貨，拜蓬勃的內陸貿易之賜，卻成為生活必需品。日子再怎麼難過，一群庫德族人圍坐聊天時，手上絕對缺不了一杯偷渡茶。

一次世界大戰後，歐洲列強劃分中東的現代國界，庫德族人選錯邊站，不幸沒趕上建立民族國家的潮流，淪為魚肉，被一分為四，無數庫德人一覺醒來，莫名其妙地發現住在對面村子的親戚竟然變成了外國人，從此受制於迥然不同的國家政策。

黃沙石礫遍布，寸草不生，靠商隊幾千年來互通有無，舊有貿易路線被層層國界截斷，經濟結構破碎，民生大受打擊，生活領域遭到空前壓縮，庫德族人原本喝得好好的茶，明明遵循相同的管道，走著一樣的途徑，只因為國境一劃，硬生生變成了非法。

飲食的偏好比什麼都頑強，習俗、宗教、語言淡去後，往往只剩味覺最忠實。政治疆域縱使改變了，品茶的味蕾仍是一片舊山河。

因此分散於不同國界的庫德族人，圍坐啜飲熱茶時，仍然保留舊有的口味和語言，趁著暗夜，躲開軍警，偷渡茶葉、偷渡手機、偷渡藥物、偷渡禁忌的夢想、偷渡建國的希望，死於非命，滿身是傷。

居住在土耳其東南方的庫德人，在茶的選擇上，意見和處於外國卻同文同種的庫德同胞一致得多。不知道這種偏好出於下意識對土耳其當局的抵抗，還是真的一試成主顧，非偷渡茶不歡。

國界只存在地圖和條約上。這裡比較激進的庫德人，甚至拒絕稱其他庫德同

胞世居的伊朗西部、敘利亞和伊拉克北部為外國，而通稱為庫德斯坦，夢中的大一統祖國。

但現實是國際政治的巨輪，總無情輾過弱小無聲的一方。庫德人連國界都站不滿，沒有談判籌碼，地底下蘊藏的石油也幫不上忙，甚至是招來厄運的主因。

建國大業挑戰中東的既定疆域，沒有極權政府容得下境內少數民族分裂國土，擺明和中央過不去，於是長年使用兩面手法鎮壓、分化、迫害庫德人，庫德人受盡暴政摧殘，又群起反抗，惡性循環至今，為本來就詭譎多變的中東情勢火上加油。

土耳其東南方的庫德區一直到九零年代，都是游擊隊和政府軍血戰火拚的準內戰狀態，死傷慘重，經濟發展落後。無數庫德人淪為國際難民，流離在外。

## 三、庫德青年薩朗的夢想

告別了哈吉，我想把那張傳單帶給薩朗看，他目前在寫的博士論文就是土耳其境內的庫德族反抗運動，對我來說，他就像不需連上網路的谷歌大神，什麼都懂。

薩朗回簡訊說，他剛好正在對面的「哈珊帕夏」喝茶上網，歡迎我隨時過去找他。

哈珊帕夏是一座由黑色玄武岩砌成的駱駝商隊驛站，現在改成咖啡廳，絲綢之路、香料之路正盛的輝煌年代，風光無限，地處安那托利亞和美索不達米亞的交界，自古就是貨物中轉集散地，網路繁密，商旅累世不絕，前呼後擁，揚起漫天風沙，無數匹馬、驢子和駱駝來來往往。

地下室以前是蓄水的水池，現在變成書店，坐在一、二樓的迴廊可以喝茶吃飯，居高臨下看著中間的廣場，包廂雅座曾是商隊主人歇腳休息時，暫時寄放貴重商品的倉庫。

只要把喝茶的招牌拿掉，就能直接拍大漠邊塞主題的古裝電影了。

薩朗老家在伊朗西部庫德區的小鎮，他十多歲時獲得政治庇護，以難民身分到了瑞典，主修國際政治學，正在攻讀博士學位。

他暫時放下在瑞典救援庫德難民的工作，來土耳其找博士論文的資料，順便參加親戚的婚禮，他能說好幾種庫德方言，英文又流利，我立刻把他當成庫德語汪洋中的一塊救命浮木。

薩朗不懂土耳其語，又因為研究主題的關係，在非庫德背景的土耳其人眼中看來，這個非我族類的小子很有幾分「來自外國的分裂分子」的味道，在安卡拉或伊斯坦堡做訪談找資料時，著實吃了點排頭，但他說最大的痛苦是茶。

「你不知道，在土耳其別的地方，端出來的黑海茶真是可怕！茶葉根本沒有味道，又或者說味道怪異，真不知怎麼煮的！不喝又對主人太失禮。我只好直著脖子咕嚕咕嚕灌下去。」

喝得他簡直哀哀求饒，一到東南方的庫德區，才脫離苦海，一喝到口味熟悉的偷渡茶，就滿臉親情，感激涕零，簡直要以此為家了。

斯里蘭卡產的紅茶運到中東後，再重新包裝，偷渡進土耳其，他最心愛的「偷渡茶」牌子是ZAGROS，庫德人神聖的札格洛斯山，無數神話傳說的發源地。

偷渡茶的販賣通路不是大型超商或是連鎖商店，而是傳統市集裡親切許多的在地商販，偷渡茶來路不正，缺乏合法報關文件，無法打稅印發票，自然也無法上架。

他總是邊喝茶邊跟我講古，我笑他像是一頭「嗜飲紅茶的駱駝」，剛走完沙漠，不斷補充水分。

薩朗為了幫族人找出路，放棄興趣所在的物理，改讀國際政治。眼看住在土耳其的年輕一代聽不懂庫德母語，只會講土耳其語，比誰都心痛。

「庫德人在伊朗或伊拉克，就算日子再慘，也不像以前的土耳其，說幾句母語就犯罪，造成嚴重的語言斷層。」

薩朗也有心事，在鄉親的眼中，他已是高齡王老五，我目睹他在婚禮上一直被長輩催婚，從數百人圍圈跳舞唱歌的婚宴逃出來喘口氣。他參加婚禮後，還穿著民族服裝四處溜達亮相。

他那時對我做了一個鬼臉，苦惱不已：「我想回伊拉克的庫德自治區，因為瑞典不缺我這個人，我的族人比較需要我。但我光一講，論及婚嫁的女朋友就快跑掉了。」（註：他說這話時，還無IS作亂。）

所以我一走進哈珊帕夏陰涼的包廂時，看他坐在墊子上，正透過SKYPE和女友用瑞典文爭執，我雖鴨子聽雷，但也由衷理解北歐住慣了，哪個頭腦正常的瑞典女生婚後想要搬到伊拉克去定居呢？

吵得正不可開交時，啪一聲，燈光一暗，網路頓時斷線，又停電了。

沒啥好大驚小怪，這種跳電在這裡每星期都會發生幾次，家家戶戶都準備了蠟燭或手電筒。

若他一心堅持回歸祖里，參與建國大業，非勞燕分飛不可。眼看小倆口分不分手，我幫不上忙，乾脆關上電腦，要求他帶我四處逛逛，轉換一下情緒。

「你上次說要帶我去唱片行買唱片，還有去市場買偷渡茶葉。」我說。

「庫德人被國際社會長期孤立，唯一的盟友只有札格洛斯山而已。孤立後被分化，分化後被邊緣化，任人宰割，喝的茶非法，說的母語也非法，在自己的土地上被奴役。」

我讓薩朗把剛剛沒講的話講完，天底下沒有誰比二十多歲的庫德青年，對這種百年孤寂的處境更有資格怒吼。

「反正我們這種國際孤兒的處境，外國人不懂啦。」薩朗說。

「我哪會不懂？老兄，我是臺灣人耶。」

他頓時也啞口無言。

臺灣的國際處境艱難又詭異，不過在庫德人面前，著實小巫見大巫。

我們第一次見面時，他就要我把兩岸局勢細細講給他聽，他一直疑惑兩岸同文同種，到底是哪裡搞不定？為什麼他心所嚮往的民族大一統，臺灣人恰恰避之唯恐不及。

我無奈地看著他，相信他身為瑞典最高學府奧普薩拉大學的國際政治學博士生，一定知道現代國家除了民族構成以外，還有制度、文化、經濟、價值觀等等層面。

但庫德人分散在四個國家，將近一個世紀在祖傳的土地上飽受欺凌，甚至滅族。薩朗把所有痛苦全歸咎於庫德民族沒有自己的國家。他無暇顧及其他了。

這股強烈的委屈，也只有自己族人能安撫，曾一起痛入骨髓，所以相濡以沫，所以抱頭痛哭。薩朗的懷鄉情緒，豈是我一個外國人蚊子叮咬般的膚淺認知，所能觸及的呢？

自從美軍侵略伊拉克，海珊政權倒臺後，海外的庫德人把伊拉克北方的庫德族自治區視為建國的第一步。

但我好奇薩朗他這隻呆頭鵝難道不知道，當女朋友跟你訴兒女情長，就不想聽國仇家恨嗎？

我們走在路上瞎聊，忽然一個小男孩朝薩朗跑過來，抓起他的手猛親，然後放在自己的額頭上，薩朗跟他講幾句庫德語，然後買了個烤餅給他吃，小男生一溜煙跑掉了。

我不解其意：「乞討？」

薩朗點點頭：「我跟他說，我不給他錢，但他如果餓了，我請他吃烤餅。不是因為他親我的手，而是因為他會講庫德語。」

他語帶悲哀：「再這樣下去，我們的語言快要消失了。小孩再也聽不懂庫德語的故事。」

當薩朗知道我在蒐集下一本書的題材時，就跟我打包票，全世界最會說故事的人不是好萊塢的編劇，而是庫德族的叮唄敘。

薩朗愛聽唱腔悠揚、極具爆發力的庫德傳統音樂。像BLUE爵士一樣滄桑，比佛朗明哥還情感充沛，直衝腦門，我唯一可以用來形容的中文字應該就是「噓」。

他說這些唱片是在庫德語中被稱為「叮唄敘」（Dengbeje）的吟遊詩人灌的。

「光想像吟遊詩人的古老傳統，還存在於這個充斥速食文化的世上……」他微舉雙手，掌心向上，像穆斯林在清真寺讚美真主，「帶你去唱片行，你就知道了。」

於是我們拿著手電筒逛完市場買完茶葉後，薩朗熟門熟路領著我拐進一間唱片行，他的嗜好是蒐集黑膠唱片。唱片行的老闆給我們倒了偷渡茶，說：「你來得剛好，我找到一些舊貨。但是停電沒辦法聽。」

「這茶來自伊拉克還是伊朗？」我問。

老闆毫無遲疑，正色說：「不，這茶就來自我們的庫德斯坦。」

他自顧自說：「真懷念呀。小時候大人會把門窗縫隙全用布條塞起來，牆上掛了好多層地毯吸音，讓聲音不傳出去，好多人全擠在一間小房間，搬來唱機，偷偷聽叮唄敘的黑膠唱片。還派小孩在門口玩耍把風，一有風吹草動就把球丟向窗子，警告屋內的人。」

「這麼緊張兮兮？」我說。

「對呀，當時大家還會把私藏唱片放在盒子裡，在屋子裡挖個洞埋起來，就怕被人發現。」

「被誰發現？」

「被警察發現呀。」老闆白了薩朗一眼，有點「這外國女人怎麼那麼不上道」的神色。

我問：「我能聽叮唄敘的現場演唱嗎？」

「可以。但很不巧的是，為了哀悼死在敘利亞內戰的庫德同胞，叮唄敘之屋這幾天閉門不開放。」薩朗說。

「叮唄敘很注重家族承傳，像他，祖先代代都是叮唄敘，以前在這裡大有名氣。」老闆丟過來一張黑膠唱片，揚起陣陣灰塵，泛黃的封面是個濃眉大眼的青年。

老闆又翻出幾張：「他一連出了很多張地下唱片，大受歡迎，在以前這是不要命的事，被打斷腿、被毒啞都不奇怪。」

這名叮唄敘無論從青年到中年，拍全身照時總是以左側身入鏡。薩朗畢竟不是當地人，這裡的叮唄敘對他來說，是陌生的名字和臉孔，但全是他心中的民族英雄。

我冷眼旁觀，覺得他在追尋依戀一個遙不可及的夢幻。歷史總是諷刺，等他多長幾歲，國際政治的現實涼薄，會不會澆熄他的滿腔熱血呢？

強權即公理，弱國無外交，庫德連國都不國，唯一談判的籌碼只有蘊藏油礦這把雙面刃，惹人眼紅，使得不好反而會割傷自己。

我問：「強調國族意識真的能終結庫德人的苦難嗎？你們已經錯過一戰和二戰後的獨立建國潮了，在區域整合的全球化時代，國界的概念只會愈來愈淡薄，鼓吹民族國家你真的不覺得未免太老套了？」

「我們什麼都被剝奪了，一無所有，只剩國族意識，再退一步即無死所，等著被同化或屠殺吧。就算是在這個時代，如果一開始沒有一個代表庫德人的國家實體出來談，維護利益，區域整合也不過是變相的殖民罷了，我們還是淪為利益交換的旗子。」

在歷史洪流中，個人太渺小，當局者迷，誰又知道什麼是最好的選擇呢？

「不過，建國要付出多大的代價？」我問他：「就像你，你真能放棄瑞典運作完善的基本設施、社會福利和工作前景，搬去千瘡百孔，政局曖昧的伊拉克庫德區？」

我口中不說：「年輕人呀，你無法拯救世界。為何要犧牲你的快樂，只換來一張憤世嫉俗的蒼老臉龐？」

他不正面回答，反問我一句：「你能瞭解永遠當外國人的苦嗎？」

那是憤怒到頭暈目眩後的雲淡風輕。

我的嘴被堵住了。歸屬感看不見摸不著，卻是那麼貴重的東西呀。

「看盡同胞妻離子散，流盡血淚，都是因為沒有自己的國家。我們受夠當被壓迫的少數民族了！」

等看完伊朗籍庫德裔導演巴曼・戈巴第（Bahman Ghobadi）的作品《烏龜也會飛》（*Turtle can fly*），我想我真的懂了。拆地雷維生、缺手斷腳的男孩，殺掉被伊拉克軍人輪姦後產下的兒子的女孩，片中的庫德孤兒過著悲傷到近乎荒唐的日子，片頭片尾就是叮唄敘悠揚的歌聲。

## 四、吟遊詩人之歌

天色漸漸暗了下來，電力還是沒來，路上只有慢吞吞的老車閃著大燈，圍牆裡的迪雅巴克古城像個貪睡的懶漢。沒有電燈、電視、電腦，也沒有廣播和音響。難以想像，也不過是一百年前，人類沒有電時，晚上是怎麼打發時間的。

我和薩朗並肩經過清真寺，耳中傳入一串音符，像亮晃晃的鋼線被拋入空中，劃出一個完美的圓弧，薩朗全身一震：「那就是叮唄敘呀。」

兩人循著聲音，看到廣場邊或蹲或坐聚集著一小群人，手持蠟燭圍成一圈，臉龐被燭光映照出紅潤專注的光彩，薩朗硬拉著我擠進中間，只見一個老人坐在矮茶凳上，卻有壓倒全場的氣勢。

他挺直腰桿，歪著頭，一手貼著耳朵，喉結一動一動，閉眼發出難以言喻的頭腔共鳴，表情手勢隨著節奏的快慢高低起伏，如泣如訴，如同看不見的暗器一樣，狙擊任何有耳朵和心肝的人，直搗深處。

原來，叮唄敘的歌聲像光，強烈到讓人閉起雙眼，讓靈魂被四面八方的光源團團圍住。

我興奮地跟薩朗說：「那是哈吉呀。我去找你前，才和他喝過茶。」

叮唄敘傳統的起源已不可考，庫德人來自美索不達米亞，人類文明的搖籃，想來比古希臘荷馬吟唱的《奧德賽》史詩還要古老。

他們行遍天下，見多識廣，精通說故事的藝術，在不同的村落和城鎮間巡迴落腳，為偏僻的村莊帶來一晚的娛樂和新聞，只要一開口唱歌，男女老少都屏息諦聽。

叮唄敘不耕不織不買賣，依賴陌生同胞的善意而活，步行，但總有人搶著載他們一程，簞食瓢飲，但總有人殺雞宰羊款待，他們以大地和星空為鋪蓋，但總有人讓出帳篷裡的地毯。

他們受庫德社群供養，付出的貨幣就是故事，隨便一起頭「很久很久以前，有一個青年領著駱駝商隊走在沙漠裡……」圍過來的聽眾就頓時置身沙漠，想認識那個年輕人，想跟他去遠方，甚至想變成他。

地主鄉紳更會在駱駝市集、婚喪喜慶、戰勝凱旋、新年佳節、宗教慶典時，作為東道主，廣邀遠近的叮唄敘前來與會鬥歌。

這是叮唄敘最大的驕傲，他們即興填詞作曲，或是從記憶深處尋出畢生聽過的所有歌謠，一首接一首，連著數天數夜唱個不停，直到對手腦袋空空，喝乾了茶杯，搜索枯腸也沒歌可唱為止。

成名的叮唄敘是古早年代的搖滾巨星，眾人捧在手心裡，走到哪裡都萬人空巷，他們像攝影師和記者一樣記錄盛會的高潮，同時也成為盛會的高潮。再怎麼波瀾壯闊的場面，煙消雲散後，新聞變歷史，遺留下的就是叮唄敘腦中的歌。

叮唄敘以男性為主，但他們擅長揣摩各種角色，能唱出待嫁少女幽微嬌羞的心緒，少婦剛產下新生兒的驕傲，或是老太太迎接從戰場生還的孫兒時的老淚縱橫。

歌曲承載了塑造精神價值的集體情感，哄孩子的是童話，反映風俗的是民謠，讓人臉紅心跳的是情歌，和歷史相激盪的是史詩，虛無飄渺的稱為傳說，開天闢地的叫做神話。

永恆的旋律不斷詢問並答覆，人呀人呀，你從哪裡來，你往哪裡去？

叮唄敘是世代相傳的職業，祖先代代都擅唱，子孫遺傳好歌喉的機率自然高，從小就要啟蒙成千上百首老歌爛熟在心中。他們是走動的圖書館，古老記憶的守門人，當代社會的耳朵和眼睛。

相當於今天的記者、編輯、填詞人、作曲家、歷史學家、歌手、老師、作家、劇作家、製作人這些職業的全方位綜合體。職涯內容可以囊括金曲獎的所有獎項。

哈吉一曲方歇，低頭喝茶休息，眼角瞄到，跟聽眾指了指我的方向，隨即又唱了一首歌，人群一下子爆出笑聲。

薩朗也跟著拍掌大笑，好不容易等他笑完，才翻譯：「他唱的是，我今天遇到一個戴著眼鏡的東方姑娘，她說她是說故事的人，我祝她永遠能說出好故事，好故事不用多，一個也就夠了，因為好故事愈聽愈想聽，不像偷渡茶一樣會愈泡愈淡。」

立刻有人送上兩杯茶給我和薩朗。在這裡喝茶，通常不會仰頭喝乾，總會留一點茶，因為沉澱在杯底的零星茶葉久了有點苦澀。但哈吉一飲而盡，半滴也不浪費。

「以前茶是很珍貴的。」哈吉眨眨眼，他說在他年輕時，時局動盪，升斗小民在駭人的貧困裡苟延殘喘，他曾創作過一首叫做《十二歲女兒，六袋茶葉》的歌。

偷渡茶因為邊境取締時嚴時鬆，價格飆漲。他親眼看到一無所有的家庭為了招待眾多的客人，拿女兒換茶葉，因為聚會中什麼都可以沒有，但一定要有茶。「談話中沒有茶，就像夜空沒有月亮。」難怪我腳邊的茶炊爐（samovar）精緻得像剛從博物館偷偷搬過來的骨董，炭爐上疊著兩個壺，下面的大壺滾著開水，上面的小壺煮著濃茶。先倒了些濃茶到杯裡，再依照濃淡喜好，添加熱開水。

哈吉的父親是遠近馳名的叮唄敘，但無法在祖母去世的時候握著她的手。當時有個婚禮邀請他去唱歌，新娘的父親是他的頭號歌迷，指天發誓若沒聽到哈吉父親的歌聲，就執意不讓女兒出嫁，急死新郎一干人，三番兩次快馬派人來三催四請。

哈吉父親放下他垂死的母親，對哈吉說：「生死有命，你祖母什麼時候歸真（去世），是阿拉的旨意，她已經盡了人生的責任，我要負起我的責任，不能讓族人失望。」

哈吉父親出馬開口唱得那位頑固的岳父大人心花怒放，交出如花的新娘時，祖母在家嚥下最後一口氣。當父親回家時，祖母的遺體已經下葬。

「兒子，說故事有說故事的代價。」哈吉只看過父親掉這一次淚。

他們在浩瀚古老的美索不達米亞吟遊，在沒有電視廣播和網路的年代，唱出庫德人過去的記憶，現在的生活，以及對未來的想像。活化語言，刺激文化，傳遞心聲。

更驚人的是，叮唄敘絕大多數是文盲，用熨貼人心的口語，訴說老嫗能解的動人故事。他們是藝術家，但不天馬行空、自溺自戀，他們雙腳踏在地上，像神經末梢一樣感受社會脈動，為民喉舌，富含公眾性。

他們是人類發明文字前的口述傳統的最後傳人。

叮唄敘大字不識，卻像偉大文學家一樣深耕民族的心田。口乾舌燥時，就喝杯偷渡茶潤喉。

哈吉說了一輩子的故事，到頭來，沒有任何情節不曾被說過，只不過排列組合有所變換罷了。不管古今中外，人都有著亙古不變的生命循環和心智運作。童話、傳說、民謠、排行榜小說、好萊塢電影劇本，全是天地玄黃間同一套的回音和反回音。

沒人不愛聽故事，「給我們說個故事吧……」是與生俱來的本能，因為不愛聽故事的人早已被殘酷的生存競爭所淘汰。

我們藉由聽故事產生共鳴，與其他心靈激盪，吸收前人的人生經驗。故事聽愈多，學到的東西愈多。人生的原則深藏在故事的結構中，對故事中的人物產生認同、甚至投射，故事是教人如何面對生命的指南。

想到這裡，我頓時對哈吉白髮蒼蒼的腦袋起了極大的興趣，這不就像歷史流沙裡的活化石嗎？每首歌像個時光膠囊，記錄了當時的歡欣和悲慟。

一直到人猿老祖宗能彼此敘說、聆聽故事開始，人類才所以為人類。世世代代圍著火光說著故事，依賴故事給予生命意義，不然出生後，只不過是重複著漫漫時光，直到死亡那一刻。

在別人的喜悅裡，參雜自己的笑聲。在別人的矛盾裡，感受自己的荒謬。在別人的渴求裡，釋放自己的欲望。最後，在別人的悲劇裡，紅了自己的眼眶，流淌著眼淚。

藝術家仰賴心靈的直覺，叮唄敘能唱出親切的家常人情和壯闊的民族史詩。風格多半憂鬱悲傷。講的是成住壞空，花凋零、人老去的故事。而過去將近一個世紀庫德人的顛沛流離，更是決定了悲壯的主旋律。

土耳其國父凱末爾為了建構現代土耳其的國族認同，打出「一個民族，一面國旗，一個語言」的大土耳其主義，首當其衝的，當然就是母語不是土耳其語的少數民族。

當境內信奉基督教的少數民族紛紛獨立建國，專制的政府當局卻一方面用「同是伊斯蘭兄弟，不該分你我」，對驍勇善戰的庫德人曉以大義，一方面卻禁止庫德語，抹滅自我認同，鐵腕實行同化政策。

現行法律至今不承認庫德族的存在，因為政府宣稱他們只是「世居山區的土耳其人」，庫德語頂多只是土耳其方言罷了。

乞丐趕廟公，睜眼說瞎話，同屬印歐語系的庫德語和英語的相似度，還比阿爾泰語系的土耳其語高多了。叮唄敘在這裡唱庫德歌曲時，說土耳其語的突厥人還遠在蒙古高原上彎弓射鵰呢。

所謂的國族認同是一種「共同的想像」，而這種「想像」根基於共同的情感，以民族語言發聲的藝術作品，就是凝聚情感的主要養分。所以在消滅庫德語的國家政策中，叮唄敘長年遭受殘酷的政治迫害。

監禁一個叮唄敘，等於關閉一個圖書館，而處決一個叮唄敘，等於直接放火燒掉。

## 五、哈珊的成長故事

薩朗的手機突然響起，當然是遠在瑞典的女朋友找他，他躲到一旁低頭微笑，周遭泛起甜蜜的光暈，但又忽然臉色大變，掛了電話後，難掩滿懷失落，看來不是好消息。

哈吉人生閱歷豐富，聽了薩朗的難處，也不倚老賣老安慰他，逕自清了清喉嚨，唱了一首很長很長的歌。哈吉唱一段，薩朗就幫我翻譯一段——

從前從前，有個叫做哈珊的青年。他的父親和祖父都是叮唄敘，曾祖父的曾祖父也是叮唄敘。

打從哈珊有記憶起，每天他父親一起床，總會唱一首歌開嗓。

「我的情郎，今夜來我的帳篷。我的嘴唇像蜂蜜一樣甜。隔天早餐我會端來蜂蜜。／我的情郎，今夜來我的帳篷。我的乳房像乳酪般雪白。隔天早餐我會端來乳酪。／我的情郎，今夜來我的帳篷。我的長髮比黑橄欖還要黑。隔天早餐我會端來黑橄欖。」

往往要唱到母親含嗔帶笑，火速差遣年幼的哈珊端著乾麵包和紅茶去叫父親住口為止，這歌詞給鄰居聽到怎麼好意思呢？

為了保養嗓子，有人喝橄欖油，有人吞雞蛋，有人吃蜂蜜，父親說他的好歌喉蒙阿拉賜福，只要嚼幾塊糖配偷渡茶就好。和父親一起享用完早餐，就是教唱背誦的時間，父親唱一段，哈珊豎著耳朵聽，跟著模仿唱一段，手把手教的師徒制。沒有樂譜，沒有歌本，全記在腦裡。

雖然他們很少有乳酪、蜂蜜或是黑橄欖可吃，哈珊暗暗懷疑這個熱情如火的少女指的是年輕時的母親嗎？他當然沒問母親，怕討來一頓打，這首情歌等哈珊再大了兩歲，父親就不再唱了。

現在哈珊的興趣轉到鄰居的女兒法蒂瑪身上，不知從何開始，他不想唱歌，他只想知道她頭巾下的秀髮是不是比黑橄欖還黑。

叮唄敘父子不像常人一樣說話，而是用唱的。他們什麼都可以唱。

「為什麼要唱歌呢？為什麼要說故事呢？只是娛樂大家嗎？」

「喔，不只。因為人活在真主創造的世上，我們想知道會有什麼結局。」

「故事結局有哪些？」

「故事結局其實只分成兩種，一個是主角死了，一個是主角結婚了。死了的就是悲劇，結婚的就是喜劇。」

「要嘛戰死，要嘛娶老婆生孩子？」

「兒子，別想那麼多，你缺的只是想要分享故事的渴望。你還年輕，經過多一些磨難，渴望總會來的。到時你會慶幸你能歌唱。」

磨難來得太早，哈珊還是未出道的實習生，有天父親帶著他去鄰村獻唱，路上遇上了警察。

駐派在東南庫德區的土耳其軍警都是不會講庫德語的外地人，在充滿敵意的陌生土地上做沉默的流亡，這些外來的朝廷鷹爪外表趾高氣昂，內心卻充滿恐懼，恐懼來自於無知，而無知來自對在地文化的踐踏。

父子被攔下盤問了幾句，父親不懂土耳其文，哈珊居中結結巴巴地翻譯，一來一往，警察不高興了，隨便啐了哈珊父親一口：「搞什麼，到現在還不會講土耳其語，非給點教訓不可，這樣好了，你們互打耳光吧。」

哈珊愣了，一把火從心中燒起來，連耳根子都紅了。

「不打嗎？難道要爺們自己動手？」警察說。

哈珊低頭看著父親的腳，不情願地翻譯成庫德語，父親先打了哈珊一拳，說：「打吧，兒子。」哈珊只好輕輕揮了父親一巴掌。父子倆都是默契一流的表演家，演這齣互打耳光的爛戲比喝杯偷渡茶還簡單。

「大力點，不准停，」警察閒閒地問：「你們是做什麼的呀？」

「我們只是農人，去親友家走走。」父親低聲要哈珊避重就輕。

警察說：「手給我看看。」

叮唄敘的喉嚨會長繭，聲帶會發炎，一場感冒可能永久帶走天賜美聲，但是手不像農夫一樣粗糙龜裂。

「這不是農人的手，好小子你多大狗膽竟敢騙我。」警察鐵青了臉，抬了抬眉毛。

哈珊：「不不，我們在村裡真的向地主大爺租了一小塊田，但我們農閒時是叮唄敘。」

警察：「叮唄敘？你們是唱歌的？說故事的？」

「是的，大人。」

「你們今天在哪表演？」

「就在下一個村子。」

「今天下午那裡有很多叮唄敘開唱？」

「是的。」

警察頓時收起嚴厲的表情，用鼻子哼哼：「那你們快走吧，免得趕不上。」

兩人到了會場，久等的歌迷頓時歡聲雷動，隨著歌聲如痴如醉。哈珊發現那個警察也來了，混在人群裡，他沒有一雙傾聽的耳朵，只睜著貓兒盯老鼠般的眼睛看著他們。

會後，警察說：「走回去都天黑了，我送你們回去吧。」

這種親切比任何野蠻還讓哈珊和父親害怕，「真主保佑您，您太好了，大人，但我們還是用走的好了。」

還好警察只確定了他們的姓名和村子，也不堅持。

隔了幾天，深夜，幾名警察破門而入，哈珊的父親雙腳懸空地被抓到後院，幾個彪形大漢把他嘴搗起來，先像打沙包似地輪流揍他，等他無一絲力氣反抗，汲來警車油箱內的汽油，把漏斗插入父親嘴裡，架著他，逼他仰頭，把汽油灌到他銀鈴似的喉嚨裡。

「嘔……」父親掙扎吐出汽油，警察再打再灌。哈珊大叫著要去阻止，警察一擁而上把他結實揍了一頓，骨頭斷了的聲音竟然那麼清脆，他躺在血泊中嗚嗚噎噎：「不要呀……」

「這個小的也要處理嗎？」哈珊昏沉中聽到一個聲音從上方傳來，他只看到臉頰旁那雙沾泥的軍靴。

劇痛從他右腳傳來。

另一個聲音說：「不了。」哈珊光著上身，癱在泥土地裡，那個在路上要父子互打耳光的警察揪住他的頭髮，硬扭他的脖子，和他四目相對：「小子，記得，如果繼續唱歌，下次就輪到你，而且我們會記得帶一盒火柴來。」

隔天被村人救醒後，哈珊的右腳斷了，父親不時抽蓄痙攣，呼吸急促，臉色發白，那副真主含笑賜福親吻過的喉嚨嚴重灼傷，再也吐不出一個音符。

父親不是第一個被灌汽油的叮唄敘，也不是最後一個。

感謝仁慈的真主沒讓他受太多苦，父親是為了唱歌而生的，不能唱歌等於失去了生命，父親下葬後，家裡從此沒有歌曲，沒有故事，沒有情感，只剩眼前一片沉寂的黃沙。

土耳其語是唯一合法的官方語言，已是行之有年的基本國策，禁止庫德語的執法卻愈來愈嚴厲而極端，庫德人公開說了母語就要罰錢，甚至吃牢飯，叮唄敘首當其衝，再也沒有演唱的機會。

就像佛羅倫斯的麥帝奇家族資助米開朗基羅和達文西一樣，按照傳統，庫德地主鄉紳有責任照顧鄰近叮唄敘的生計，他們知道一個民族如果失去故事，就失去了過去，也失去了未來。

眼下哈珊的腳傷無法做下田的粗活，也不再有父祖輩的老路子可以走，地主老爺大發慈悲，表面上雖然收回田地，私底下卻還僱他領著羊、柱著拐杖去趕集。

如雷掌聲不再響起，只有羊叫聲此起彼落，哈珊的靈魂被沙漠的豔陽蒸發，只留下像石頭一樣沉重的肉體。

父親多不值呀，他得到了什麼？聲音不能流傳後世，再怎麼扣人心弦的歌，一唱出口，就註定隨風而逝。

你可以拿石頭丟背對你的人，石頭落地，永遠在那裡。但如果你大吼一聲，那人轉頭，你盡可以裝作沒這回事，反正聲音看不見摸不著。

沒人能證實聲音真的曾經存在過。連一塊石頭都不如。

吟遊歌人多愁善感，看得太多想得太多，能做的卻太少，把心聲和血肉化為歌聲，換來的就只是掌聲，是天下最沒用處的人。

哈珊一言不發，胡思亂想，成天發呆，只用庫德語對牲口喊著「走走走走走」。到了城門口，警察寒著臉冷著眼用土耳其語問：「你從哪裡來？」

哈珊說了。

「你一路上都一直用庫德語說走走走？」

「但我只和這一群羊說呀。」哈珊囁嚅。

警察板起臉孔：「你一路上講了幾個字，我就罰你多少錢。」

哈珊雙手握起了拳頭，指甲刺入手心滲出血，耳邊響起從小父親一句一句調教下學會的無數首鮮活的歌謠，以及那天晚上父親被強灌汽油時的悶聲呻吟。眼看哈珊就要暴怒失去理智，旁邊一個好心的老伯立刻走過來把他拉開。「好孩子，別衝動，聽我的勸，我是你爸爸的歌迷。」老伯耳語。

哈珊終究還是受了罰。他沒錢也不願籌錢繳罰款，就算被告上法院也不能用母語為自己辯護，只好去坐牢。

牢裡三教九流、龍蛇混雜，有不羈的流氓和文明的學者，更有文明的流氓和不羈的學者，哈珊窩在鄉下一輩子絕對遇不到的各路人馬在牢裡全遇到了，很多牢友留著虔誠的鬍子，戴著眼鏡閱讀大部頭的書。

一身髒兮兮破囚衣的醫生沒穿白袍，幫薩朗看了右腿，嘆氣：「太晚處理了，你骨頭斷了沒接好，一輩子都必須一跛一跛的。」

還有教育家被拘捕監禁，只因為公開批判庫德兒童一入學面對全土耳其文的基礎教育，頓時又聾又啞的困境。

「老師，請教我讀書寫字吧。」薩朗對他說。

「你不要叫我老師，你才是我們的老師，」那位德高望重的教育家說：「我很樂意教你，但你要知道，一旦學會就回不去以前不會的狀態。」

「你雖然是文盲，但你絕不是文化盲。叮唄敘是草根庶民的口述歷史家和媒體工作者，或許就是因為你們不會讀寫，才能將全副心智奉獻給瞬間消逝的歌唱藝術，書面文字往往讓人懶惰，窄化並且鈍化了當下的洞察力。」

這話讓薩朗猶豫不絕，但還是每天背誦父親教唱過的薩拉丁大帝對抗東征十字軍的長篇史詩讓他謄寫紀錄，陰暗牢房的四壁迴響著教育家的嘖嘖讚嘆，一點一點滋潤了哈珊乾渴的靈魂。

家鄉的母親老遠來看兒子，在獄卒的監視之下，她只能一直重複「你好」這個詞，這是她唯一會的土耳其文。

「你好。」母親說。

「你好。」哈珊說。

「你好。」母親說。

「你好。」哈珊說。

「你好。」母親說。

「你好。」哈珊說。

一直到會面結束，母子倆的對話就只有這一句「你好」，這樣也夠了。哈珊聽得出母親聲音蘊含的無限關切。她皺著一臉的痛惜，像一條吸滿髒水的破舊抹布。

他望著眼前這個生他養他的乾癟女人，避免去想小時候父親早上醒來必唱的早餐之歌……比乳酪還雪白的乳房……比蜂蜜還香甜的雙唇……。

「怎麼？父親才去世多久，母親就變成一個老太婆了？」看著母親離去的背影，哈珊遺憾無法打聽到一點法蒂瑪的消息。

很多牢友聽過哈珊的父親，奔相走告：「那可是大師級的叮唄敘呀。」

哈珊在牢裡聽了更多不公不義，鬱悶糾結，情感無從抒發，不唱的話他要發狂了。牢友私底下幫他舉辦演唱會，為了不違反規定，哈珊只好低吟曲調取代庫德語的歌詞，不唱一個字，表情、手勢和臺風卻像他的父親在世。

原來父親還活著，活在他身上。

獄方怕哈珊激起囚犯的情緒，嚴刑毒打所有參與者，但想聽的人愈來愈多，哈珊只好改成偷偷用氣音吹口哨，這回下場是獨自監禁。

哈珊蜷曲在狹小黑暗的囚房裡，靜悄無聲，只有老鼠相伴，聽得到蟑螂鬍鬚輕觸斑駁石牆的聲音，父親的歌聲在耳邊餘音不絕。

半夢半醒間，那些故事的主角呼嘯而來，征伐的戰士、採葡萄的婦女、駱駝商旅、沿街叫賣的小販，都淹沒在庫德新年時四處飄揚的紅黃綠三色旗海中，謎樣華麗的身影忽隱忽現，他們都來了，活靈活現，讓哈珊不感到孤單。

幾千年來，庫德人在中東地區建立並且統治幅員遼闊的王國。他們的劍就是他們的驕傲。

音樂能穿透牆壁，穿透人心，穿透難以想像的磨難。在聽叮唄敘唱歌時，庫德人是自由的，有些人為了那自由的片刻，可以犧牲一切，所以他們總是不缺勇者。

「孩子，撐住，你不會在這裡待太久。如果你決心讓更多庫德同胞聽到你的歌聲，我可以幫你。」有一個因為辦庫德語報紙而入獄的牢友悄悄說，他深度近視，眼鏡在牢裡被獄卒踩破了，看東西只能瞇瞇眼，偶爾才恢復總編輯懾人的魄力。

於是哈珊出獄後，透過介紹，輾轉認識了地下唱片的製作人，他們約在堆滿機具油墨和汽油的雜物間密談，他叼著菸看著哈珊：「光憑你父親的名字，你不需要試唱，但我必須跟你說清楚，你眼前有兩條路……一條是忘掉叮唄敘的使命，噤聲封喉，不聞不問，蒙阿拉保佑，從此娶個太太生兒育女，一生平安，在家鄉過著平凡日子……」

「另一條路是灌唱片，列入黑名單被通緝虐殺，東躲西藏，甚至遠走他鄉，說不定你見不到母親死前最後一面。」

「年輕人，你先回去想一想，想清楚了再來。你沒有認命的覺悟，我會害死你。因為聲音一傳出去，聽見了就是聽見了，無法收回來。叮唄敘的世界，是什麼都可以進入，哪兒都可以到達的。」

這密室滿是灰塵，哈珊不禁想打噴嚏，陣陣汽油味讓他耳邊響起父親的歌聲，腦海卻浮現母親來探監時的表情，母親一句、自己一句，鸚鵡學舌似的「你好」、「你好」、「你好」。

他還是想看法蒂瑪頭巾下柔軟黑亮的秀髮呀。

## 六、祝您嘴巴健康

哈吉說唱一段，薩朗就翻譯一段，累得兩人連喝了好幾杯茶。

「怎麼不接下去唱呢？到底哈珊選了哪個？結果是什麼？」我問薩朗。

「故事的結局是好是壞，其實在於說書人把故事說到哪裡……」哈吉說：「當我閉口時，我的故事已經結束了，把故事說下去是聽眾自己的工作。」

若童話不結束在公主王子的結婚進行曲上，反而在相看兩討厭的離婚官司劃上句點，童話也不再是幸福快樂的圓滿大結局。

哈吉當頭棒喝，宛若禪師，我只好喃喃念道：「沙特特霍許（祝您嘴巴健康）。」

這句庫德語是用來表示對歌唱者的敬意，我心頭悶悶的，卻不知從何說起。

薩朗沉吟良久，問道：「您就是這位年輕人吧？您就是哈珊。」

哈吉不置可否：「我的孩子，真主至大，死亡終將降臨，每個人的時間都在倒數，但很多人在頭髮烏黑的時候，其實已經就死了，行屍走肉，到了頭髮斑白時才埋葬。」

「為什麼？」

「因為他們沒有勇氣去做真主交給他們的事。生命並不能只貪平安快樂，要像歌曲一樣高低起伏，五味雜陳，即使充滿缺憾悲慟，也要勇敢走下去，遍體鱗傷，流血流淚，那才是完整的人生。」

我看薩朗曲身低頭親了老人乾枯的手，再把手貼到自己額頭上，這種晚輩對尊長的禮節是大禮，我只在婚禮和重大節慶看過。

叮唄敘幾千年來吟遊各地，來去如風，是歌者，也是老師，用故事教導一代又一代的庫德人。薩朗彷彿領悟了什麼，調整了心情後：「沙特特霍許（祝您嘴巴健康）。霍加（老師）。」

老人丟了幾顆方糖到口中，嚼了嚼，飲盡杯中殘茶，雪白的美齒當然是假牙，在牢裡伙食又少又差，長期營養不良，他餓到頭昏眼花，甚至以糞便為食，出牢後牙齒掉光大半。

他有個牙醫歌迷幫他植了滿口假牙，又每天用偷渡紅茶漱口，「才總算用茶香去除了口腔裡的糞便味。」

哈吉站起身來，我才發現他右腳比左腳短。一拐一拐離去前，他對薩朗說了最後幾句話。

「我們庫德人永遠都在傳頌勇者的故事，堅持信念度過你的一生，你終將成為你聽過和說過的故事。」

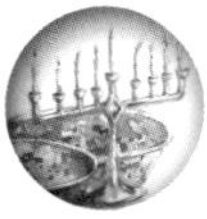

# 以色列：流浪的味道。

拼湊出來的以色列餐桌訴說著流浪四方的過往，古老的靈魂漂泊兩千年，遵守與神的約定，嚮往虛無縹緲的祖先故土，拒絕下錨停泊，拒絕就地同化，拒絕遺忘自己是神的選民。

以色列的青年男女在軍中悶了兩、三年，服完兵役後，第一件事就是背包旅行！在消費低廉的拉丁美洲或東南亞常常見到他們的身影。剛退伍的女生身上仍帶著幾分剽悍之氣，男生的鍋蓋頭剛剛長成小平頭，反而有點傻傻的。

他們是最到位的流浪背包客，天性敏銳，不管到哪裡都能立刻學會幾句殺價最好用的當地話，年紀輕輕才二十來歲，心理素質卻比臺灣菜市場的歐巴桑還優良，自信滿滿又笑臉盈盈，討價還價不羞怯也不囂張，在巷弄裡找吃喝住宿更是物超所值。

凡是他們走過，一律物美價廉。彷彿熨斗熨過，一片平坦。

我在餐廳一邊吃飯一邊向莎菈表達我的欽佩之意，她說：「這個當然，不要忘了我們猶太人曾經四處流浪了兩千年，所有家當就背在身上。說到在別人的地盤上和外邦人打交道，誰比得過我們的經驗老？」

「說來也是，你們家學淵源，祖先世世代代早就上過背包客先修特訓班了。不管到哪裡都隨遇而安。」我說。

「不過，有時竟然會看到猶太食物（KOSHER）的希伯來文菜單，真的有點倒胃口。」

「你有些東西不吃，這樣不是挺方便的嗎？」

「對，但這也就表示這裡以色列旅客太多了，我不是離家數千里，只為了和我的同胞混在一起呀。」

「會吃猶太食物的只有你們嗎？」

「不一定，其實伊斯蘭教徒找不到清真食物時，也會將就吃猶太食物。很多關於食物的禁忌是共通的，畢竟都發源自中東的風土。」

「哎呀……真有趣，你們雙方不但在戰場上相見，還可能在餐桌上相見。」

「在以色列復國之前，我們和伊斯蘭世界根本無冤無仇。比起基督教徒，伊斯蘭教徒對猶太人其實友善寬容得多，起碼不會把我們塞到毒氣室裡。很多以色列人以前就世居中東，像我的外祖母就是從約旦搬回來的，她的母語是阿拉伯文。」

你吃什麼代表了你是誰。以色列亡國兩千年後的復國奇蹟，讓我對他們的心靈和胃口抱持著天大的興趣。

「在一些節慶的特別場合裡，你們家裡的餐桌上有什麼傳統食物呢？」我問。

莎菈回答：「這不一定耶……通常要看這個家庭二次世界大戰結束後，從哪裡搬過來。」

以色列建國以後，猶太人放下手中一切，從世界各個角落現身，攜家帶眷，在滾滾黃沙中建立家園，同時帶回了各種語言和飲食文化。

除了猶太教，這個草萊初創的新國度需要更多共通點來凝聚人心，不然小小的以色列遲早會分裂成「德語區」、「俄語區」、「法語區」，更別提從亞洲、非洲或美洲回來的猶太人了！

猶太人的唯一共同點就是根植於經文中的信仰。於是政府請來第一流的語言學家，把復興希伯來文列為首要國策。

希伯來文神聖歸神聖，但如同拉丁文或梵文，早已是沒人使用的死語。猶太教的拉比（祭司）祈禱禮拜時才誦念的古代經文，竟然成為唯一通行的標準國語，出現在電視節目和報章雜誌上。

莎菈：「我姑婆曾跟我說，她剛搬到以色列時，住在集體農場上，物資缺乏，只好把舊報紙剪成小張紙片當衛生紙用，但大家上廁所心裡都毛毛的，感到罪孽深重！希伯來字母一直以來只出現在經文上，神聖得不得了！你應該用嘴唇親吻它，而不是用來擦拭肛門。」

希伯來文從創世紀裡石破天驚一開頭的「神說，要有光，就有了光。」的天啟神諭，經過半個世紀的常規國民教育，教的人和學的人一起牙牙學語，終於變成普羅大眾口中「親愛的，廁所沒衛生紙了嗎？」這種稀鬆平常的日常問話。

「欸……讓死語復活……這真是太……不自然了，這麼說來，你們的語言就

像一種人造蟹肉，很人工，很後天？」我說。

「沒錯。但這種齊頭式的公平，讓每個人從零學起。我爺爺從德國來，我願意的話，可以去申請德國護照，但他不教我德文，只強調先把希伯來文學好，才能在以色列出頭，他希望我的母語是希伯來文。」

第一代回歸的移民為了儘快融入以色列社會，把從小就熟悉的母語丟在後頭，重新學習希伯來語，但吃飯的口味還是照舊。語言能在兩、三代之間改變，不過飲食偏好比什麼都頑強，至今莎菈家庭聚餐吃的多半仍是德國菜。

「從食物的選擇上，我還是有著歐洲人的胃，」莎菈說：「以色列家庭飲食的最大特色就是沒有共同特色。」

口中吐出的語言可以由官方政策主導，但打從心底願意吃進嘴裡的食物，就像真愛一樣不離不棄。

外頭餐廳賣的大多是中東或歐美食物，但不同族裔的以色列人回到自己家裡，喜歡各種不同的口味，摩洛哥的吃庫司庫司、東歐的吃葡萄葉飯捲、印度的吃咖哩、德國的吃麵包、法國的吃各種起司、中國的吃米飯麵條。

以色列餐桌宛若一個生硬的巨型拼盤，唯一勉強稱得上的共同基調，還是經文裡「奶肉不混吃」、「不吃豬肉」、「鮮肉要沖水抹鹽去除血水」之類的飲食禁忌。

《舊約聖經》已有數千年，但以色列建國至今的歷史，甚至比很多小吃店的開業時間還短。不同家庭間的飲食完全沒有一致的脈絡，尋找不著基調，探尋不到底蘊，不依循風土，不遵守節氣，回憶尚待累積，情感仍需沉澱。

認同其實是一種共同的想像，而人類的想像力總是被情感所驅動，心緒被味覺綁架，回憶被嗅覺劫持。我們在覺知其巨大影響力之前就被完全收服了。

飲食文化必須和一方水土緊密結合，靠山吃山，靠水吃水，落地生根，無法流浪。生香活色，鮮活蹦跳，經不起兩千年的風乾收藏。

在古今中外絕大部分的例子中，人類由內而外藉由飲食文化擴大自己的認同，簡而言之，心靈和胃口通常無法分離，胃口直達心靈深處。

而猶太人例外，莎菈的祖父母逃過納粹魔掌，帶著德國土生土長的胃口離開德國，千里迢迢回到心靈的故鄉。

「猶太人的心靈和胃口竟然是分開的！」霎時間，我突然稍稍理解除了經商致富太惹人眼紅以外，猶太人過去兩千年不斷被驅逐排斥屠殺的原因。

在現代工商業架構下的知識經濟時代來臨以前，不少猶太人就已經不是生產食物的農人漁人牧人，而是頭臉乾淨的商人或知識工作者。他們雖然吃當地的米、喝當地的水，腸胃習慣了當地的飲食文化，但是在當地人的眼中，猶太人永遠是外人，他們的心從不向著餵養他們的土地。

畢竟耶路撒冷才是他們的心靈故鄉。

以色列於一九六七年的六日戰爭攻下耶路撒冷以前，「明年耶路撒冷見」，曾是漂泊無根的猶太人彼此安慰問候的傳統用語。

今年盼明年，明年盼後年。盼呀盼呀，眼巴巴望著耶路撒冷，所以永遠都是異鄉人。

以色列人靠著信仰才回到心目中的原鄉固然是天賜奇蹟，但就是因為隨著信仰而來的自我認同，讓他們過去一直格格不入，無法融入腳下賜與他們飲食的土地，離散遊蕩，輾轉流浪到近代。

猶太信仰見不得光，兩千年來多少猶太人透過暗語，躲在密室中偷偷崇拜，除了隨身帶得走的知識和經商手腕，一無所靠。他們是祕密信仰和商業雄心的奇異融合。

直到六百萬猶太人死在納粹集中營裡，讓猶太人痛切認知他們一定要建立自己國家，動員歐美政商界盤根錯節的金援和人脈，終於讓以色列在二戰的灰燼和血腥中重生，不再是任人欺負宰割的喪家之犬。

拼湊出來的以色列餐桌訴說著流浪四方的過往，古老的靈魂漂泊兩千年，遵守與神的約定，嚮往虛無縹緲的祖先故土，拒絕下錨停泊，拒絕就地同化，拒絕遺忘自己是神的選民。

漫漫兩千年，六十個世代，信仰透過代代子孫的肉身，只為了回到心靈的原鄉，這是多麼大的代價？

耶路撒冷，讓風中浮萍般的猶太人懷念了兩千年。都說相見不如懷念，那終於在耶路撒冷見了以後呢？

曾經受苦流浪的猶太人，讓另一群人開始受苦流浪。受害者因為自我心理補償，往往成為最殘酷的加害者。

以色列孤傲地與伊斯蘭鄰居為敵，在中東地區「流著美國血液，跳動著一顆歐洲心臟」，樹立敵人的速度比消滅敵人的速度還快。

在藍白大衛星旗下站完崗退了役，莎菈可以輕易去歐美旅行，卻很難踏入伊斯蘭世界一步。她抱有戒心，對陌生人總說自己是從冰島來，而不是以色列。

「冰島？為什麼？」我問。

「你發音很快的話，冰島（Iceland）聽起來有點像以色列（Israel），就算被抓包我也比較好自圓其說。」莎菈補充：「冰島很和平，沒聽過冰島和誰槓上。再說，冰島旅客很少，你生平沒遇過幾個冰島人吧？」

我幫她補充：「而且冰島超貴，很少人去過冰島……你怕你說來自以色列，不太惹人喜歡？」

「不只。我是怕危險。」

「在我這外人的眼裡，你們政府的確太過分了些。」我心裡想說的是：「對不信猶太教的人來說，你們的復國干我何事？你的神又不是我的神。一個現代國家，建立在幾本古書上？這個概念簡直比星際大戰還科幻。」

不過莎菈當兵時學過戰鬥搏擊，我不敢惹她，就算開玩笑還是不要踩宗教這顆大地雷來得好。

「這不是我能選擇的。我當然知道我的政府幹的好事。我當兵時就是負責邊境管制，我看過很多家破人亡的巴勒斯坦人，大半生被圈在沒水沒電的不毛之地，他們眼中那種怨恨和絕望……那種深沉的憤怒……但這是我的錯嗎？」

「那，你說該怎麼辦？」

「我不知道。但我真的覺得我們應該運用和伊斯蘭世界的深厚淵源，和鄰居重新修復關係。我們之中那麼多人的祖先，曾經和伊斯蘭教徒和平共處那麼多個世紀，我們對他們本來應該要很熟悉、很親熱的。」

「我們沒有正常的生活，盼了兩千年，我們盼到什麼？我們成了世界上最惶恐不安的人，出入國境的安檢盤問不休，唯恐某個叫阿里或穆斯塔法的阿拉伯青年又抓狂，挾持飛機去撞大樓，或是去購物中心變身自殺炸彈，將每個人炸成肉醬。」

莎菈大翻白眼：「老天，這不是正常的生活。」

「政治不管在哪都是狗屎。」我說。

「當我們受夠這些狗屎時，會彼此揶揄，如果當初選了烏干達呢？」

「烏干達？」

「烏干達以前是英國的殖民地，曾被列為猶太復國的選項之一。」

「對耶，如果當初選了非洲東部，而不是中東呢？」我拍了一下大腿。

「親愛的，這是不可能的。」

「為什麼？」

「耶路撒冷是聖城。對激進的復國主義者來說，烏干達不是應許之地，因為耶路撒冷不在那裡。」

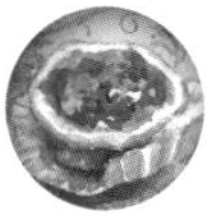

# 印度：孽子與牛奶糖。

在印度只要裝作不懂規矩的外國人，常常可以滿足好奇心的，我從頭走到尾，像做一趟文化觀察。逛到火車尾巴時，赫然看到剛剛那個走錯車廂的變裝皇后，正在吃一盒雪花牛奶糖。

出身加爾各答的詩人泰戈爾說：「睡眠之於工作，正如眼瞼之於眼睛。」

我正躺在前往加爾各答的夜行火車三等臥鋪上，輾轉難眠，四周鼾聲大作，頭上的電風扇嘎嘎作響，和著從窗戶灌入的晚風，氣喘似地攪拌著整個車廂的體臭、咖哩和舊鞋味。

我頭朝窗腳朝外睡在下鋪，把隨身物品打包當枕頭靠，醒醒睡睡，昏暗月色中，一個穿著沙麗的碩大身影怯怯地癱在我腳邊，傳來一陣酒味，狀極疲憊，肩膀寬得不成比例。

外國人在印度購買火車票享有特權，每當我滿頭大汗穿越排隊人龍，直抵特別窗口時，總有點罪惡感。恍惚中我心想：「反正錢包相機我全揣在懷裡，給這位太太挨在床邊休息一下沒關係。」當然如果是男人的話，我就老實不客氣請他滾蛋了。

天光微亮，當我頭髮亂糟糟坐起身來，突然看到靠我床角的那位太太，嗯……怎麼說呢，真不知怎麼稱呼，一身豔紅沙麗連身裙，戴滿廉價首飾，竟然寬肩平胸有喉結，明顯是男兒身。

我湊上前去，她（他？）受驚似頓時清醒，眉間的豔紅硃砂像第三隻眼一樣，炯炯有神，刷了睫毛膏、描了眼線的牛眼，對上我迷惑的目光，她肢體語言甚娘地理理衣裙，塗了廉價唇膏的血盆大口裂開了一抹淺笑，趁其他人好夢未醒，匆匆溜走，留下一頭霧水的我。

印度火車座位的等級之多，反應了階級之複雜，從有管家貼心服侍的獨立包廂、附隔簾的冷氣臥鋪、莒光號般的冷氣座椅、吹電風扇的臥鋪、吹電風扇的軟座、吹電風扇的硬座等等。

我一時無聊，逛起長長的火車來，隱約聽到同車廂的乘客醒了，一個挨著一個吵吵嚷嚷「我的錢包，我的東西被偷了！」

在印度只要裝作不懂規矩的外國人，常常可以滿足好奇心的，我從頭走到尾，像做一趟文化觀察。逛到火車尾巴時，赫然看到剛剛那個走錯車廂的變裝皇后，正在吃一盒雪花牛奶糖。

我們四目相接，有點尷尬，我衝著她笑了一下：「蒂蒂（姊姊），你好。」她的濃妝像一張畫在臉上的面具，彷彿可以直接摘下來，當香水脂粉味薰得我快暈車時，她終於認出我來：「小妹子，你從哪裡來？」

一開口就破了功，語調婉媚卻聲音粗啞，我有點驚喜她能說英文。我就是這樣遇到索妮的。

印度人名通常又長又饒舌，我只記得前兩個音節。

我說：「我從臺灣來。」索妮眼睛一亮，驚呼：「泰國？喔，真好，我好愛泰國。」戴滿戒指、塗著蔻丹的粗糙大手，遞了一塊牛奶糖過來，五彩手環碰出清脆細聲。

「當然，誰不愛泰國。」我席地而坐，滿嘴雪花牛奶糖，甜死人不償命，我面部肌肉猙獰扭曲，頭皮發麻，還來不及含糊解釋臺灣是另一個國家，索妮就膝蓋碰著膝蓋那樣人擠人地在我身旁坐下，然後遵從印度人的聊天傳統，從祖宗八代開始關心。

印度甜食的甜度登峰造極，超過人類極限，我一面擔心體內血糖指數爆表，一面壞心眼暗想：「泰國人妖要討好觀光客，從小調教，比女人還女人，泰國人骨架纖細，扮相好看多了。」

從車窗遠遠望去，風中隱約傳來熱鬧的節慶音樂，每個社區都在慶祝杜迦女神節，搭起高高的臺子，張燈結綵，祭祀英氣十足、屠魔降妖的杜迦女神，為新年拉開序幕，接下來的結婚旺季更是金光閃閃。

特別精采的祭壇，會吸引外人不遠千里來觀賞，那個社區自然特別有面子。到了晚上，唱歌跳舞，闔家團聚，少不了美食飲宴，盛饌糕點，人人一身新衣，穿梭來去，有幾分逛元宵節花燈的熟悉氣氛。

我問索妮：「蒂蒂（姊姊），你住的地方，也有這樣的臺子嗎？可以去看看嗎？」

索妮笑笑：「我們住的地方，一般是不歡迎外人進去的。小妹子，再來一塊，嗯？」

不論男女老少，印度人嗜吃甜食，熱愛一切濃郁甘甜、酥脆黏牙的口感，節慶場合，尤其少不了甜食。國土遼闊，各地都有代表土產，花樣百出。

加爾各答人的「甜牙齒」，舉國皆知。

印度、孟加拉一帶在上古時期就發明了製糖的方法，成書已經兩千多年的史詩《羅摩耶那》中，描寫了一場宴飲，「桌面上擺滿甜食，糖漿飲料和可嚼食的甘蔗。」

世界上幾乎沒人不愛甜食，一出了產地，糖曾經貴比黃金。自古印度在製糖技術外傳之前，高價外銷蔗糖。

仗著現地自產自消，在加爾各答，糖不曾是昂貴的進口舶來品，甜點師傅工作起來，更得心應手。

甜點專賣店的櫥窗，繽紛有如珠寶盒，塗牛油的餅，淋蜂蜜的糕，撒滿腰果杏仁的酥，泡玫瑰花露的丸子，種類繁複，量多質精，永遠人潮洶湧。此地出身的甜點師傅，能在一級戰區存活下來，個個身手了得，走到哪都是就業保證。

傳統甜食主要以牛奶、牛油、煉乳、乳酪、糖等為原料，煎炸烘烤，加上各

種香料、堅果或水果。聖牛因為產奶耕作，而獲得在車水馬龍中信步漫遊的無上權利，只要聽過「眾神攪拌乳海」的創世神話，就知道乳製品在這古老次大陸上享有多麼崇高的神聖地位。

祭司使用牛油、牛奶祭祀，乳製甜點不但是眾神鍾愛的虔敬供品，凡夫俗子也喜歡甜蜜蜜的滋味。節慶時，加爾各答的甜食店大排長龍，店外搭起帳篷，還延長營業時間，印度人生肖一定是屬螞蟻的。

被稱為「巴非」的雪花牛奶糖，是北印度最傳統的甜點，將牛乳用慢火收乾，邊攪拌邊倒入砂糖，加上乾果後放涼、塑型，講究一些的高級品，貼上閃亮亮的純銀箔，快刀切成對稱的菱形，閃亮亮貴氣逼人，乳香撲鼻，當成訪親拜友的伴手禮，大方好看。主人待客時，極具美感地把甜點擺在盤子上，裝飾各色花瓣、水果、乾果，就像一幅精巧的圖畫。

聽索妮滿腹詩書，說了一口頭頭是道的甜點經，嘴中吐出的英文，字彙豐富而文法精確，我心中訝異：「她小時候一定受過良好教育的。」

為了報答索妮的盛情，火車靠站時，我揮手招來月臺上販賣奶茶的小販：「給我來兩杯！」隔著車窗立刻遞來兩杯熱飲，我和索妮邊啜飲燒燙燙的甜膩奶茶邊閒聊，配上一盒牛奶糖，熱量足夠火車繞印度一圈了。

索妮出身鄉間的高種姓家庭，家中只有妹妹，身為傳宗接代、承嗣香火的獨子，備受寵愛，還被送到加爾各答念寄宿中學，傾力栽培。

索妮屬於一個古老神祕的社群，當地人叫她們「海吉拉（Hijra）」，嚴格說來，是指認為自己是女人，而自願去勢的生理男性。

海吉拉的存在是印度社會的古老默契，二〇一四年印度法律更承認第三性的合法地位，但同性戀仍屬違法。

因此在海吉拉中，還包括同性戀、陰陽人、閹人、雙性戀、變性人、變裝癖等等性別錯位、性別認同障礙，而難以歸類男人或女人的性少數族群。

寶萊塢電影的浪漫愛情僅供參考，事實上，婆羅門禁慾主義加上維多利亞時期遺留的罪惡感，形塑出對性極端保守的集體意識。

居主導地位的印度教，更將婚姻塗上神聖的油膏，結婚生子不是個人選擇，而是無從遁逃的社會責任，沒人要的宅男剩女，簡直是家門不幸，比餿掉的隔夜菜還糟。因此，難以婚嫁的「第三性」，就這樣被排除於家庭網絡之外。

據說先天雌雄同體的陰陽人嬰兒一出世，就會直接交給海吉拉撫養。但比起萬般都是命、半點不由人的種姓制度，幾千年來成為海吉拉與否，令人驚訝地，卻多半出於自由意志。

海吉拉來自各階級、種姓、教育背景、方言、族裔，堪稱是全印度最崇尚落實「四海之內皆兄弟（姊妹？）」的後天社群，外界敵意和貧窮把海吉拉緊密結合起來，相依為命，同吃共住，外人難以窺探。

她們向年長的海吉拉拜師，學習妝飾歌舞，頭上彷彿裝了「喜慶偵測雷達」，風聞哪裡有人結婚生子、升官祝壽，就大隊人馬花枝招展地殺去，在樂師伴奏下，載歌載舞。

聽起來就像臺灣早期辦壽宴喜酒，丐幫不請自來，敲碗唱喏：「老爺太太行行好、保佑您十子十媳婦」的鄉野奇談。

給了，大家開心，吉祥如意，面子好看；不給，海吉拉可是有全褂子的本事，很擅長丟主人的臉。

海吉拉是不請自來卻得罪不起的客人，明著是唱歌跳舞獻藝，暗地其實是一種勒索：「主人敢不給錢是吧？那我們就當著所有親友的面，把衣裙脫光。」

遠古生殖崇拜下，非男非女的海吉拉無法性交繁衍，畢生獨身，積蓄了神祕的力量，被視為「神的新娘」或「女神的信徒」，喜則祝願驅邪，怒則詛咒降蠱。

大喜之日，誰想觸霉頭？有點年歲的印度人，迷信海吉拉的詛咒，害怕激怒海吉拉會帶來厄運，導致新郎陽痿或男嬰夭折，寧可信其有，不管樂意或無奈，總會打賞禮物或現金。

基於大眾畏懼心態，有的銀行或稅務機關創意十足，僱用海吉拉當討債人或收稅員。

獻藝討賞是海吉拉長年獨占的工作權，不過，信仰薄弱的年輕一代漸漸只把海吉拉視為不入流的街頭紅頂藝人，一旦失去古老傳統保護，這些蒂蒂們再也歡唱歌舞不起來了。

神聖光環就像雪花牛奶糖上的銀箔一樣，只是一層薄薄的矯飾，海吉拉其實處境堪憐，低下若賤民。

一旦成為海吉拉，就要放棄自己的名字姓氏，家族種姓，從此和原生家庭形同陌路。

他們多半在兒童期，懵懵懂懂發現自己與眾不同，慘綠少年時備受荷爾蒙和家庭壓力煎熬，欲望和情感不見容於主流社會，深夜掙扎哭泣，自殺自殘，只能徘徊在陰暗邊緣，隨波浮沉，彼此取暖。

大多數的海吉拉在少年十五二十時「出櫃」，年幼青澀，一旦斷了所有人際網絡，就無法繼續升學，沒有教育、沒有技能，沒有任何工作機會，被社會共棄，日趨下流，淪為極度社經弱勢。

為了生存，什麼下三濫手段都使出來，使主流人士側目厭惡，愈被邊緣化。如此惡性循環、無限迴圈了數千年，歧視未滅，社會變遷下，海吉拉的傳統生計卻日漸式微，只好乞討賣淫，無所不為。

因恐懼淪落到這步田地而一輩子深藏櫃子的「隱性海吉拉」，大有人在。他們照著所屬社經階級的常規，父母之命，媒妁之言，娶妻生子，大放煙霧，這些身不由己的人，就是海吉拉的性客戶群，至死過著不為人知的雙面人生，帶著祕密火葬。

恆河母親流水悠悠，在生死輪迴的盡頭，斷背山仍然高聳入雲，不可訴說。世所公認，高級時尚史宛若男同志史，比例上，他們敏感纖密，具藝術美感，腦中靈光乍現的天才點子，下一季就掛在無數時髦男女的衣櫥裡，令人滿眼迷醉。

這些天生酷愛調脂弄粉、穿紅著綠的孤高靈魂，若降生在別的地方，說不定是另一個尚—保羅•高緹耶（Jean-Paul Gaultier）或喬治•亞曼尼（Giorgio Armani），叱吒風雲，獨領風騷。再不濟，起碼在愛馬仕站櫃臺迷倒一干貴婦，或在《欲望城市》軋一角。

完全不能想像，林懷民在婚禮上跳猥褻粗鄙的舞蹈，蔡康永妙語如珠只為了乞討零錢，張國榮在暗巷裡出賣色相，蔣勳寫的是淫辭豔曲，吳季剛的事業高峰只是縫製同志彩虹大遊行的服裝。我心中疑惑：「這麼說來，海吉拉社群中埋沒了多少偉大的藝術家呢？」

但深入一想，印度社會幾千年前就坦然接受海吉拉的存在，藉由宗教禁忌保障她們的工作權，照顧生計，在蒙兀兒王朝的伊斯蘭宮廷，更有海吉拉權傾一時，擔任大內總管的職務。

而今日公認最開放的歐洲社會，對性傾向或性認同迥異的性少數展開雙臂，也不過是近幾十年開始的事，時間若再早一點，可是會被槍斃、丟進瓦斯毒氣室，甚至綁上火刑架的。

海吉拉既然專挑重大喜慶場合出沒，得到的禮物大多就是甜點，因為職業關係，說她們是最能鑑賞各家甜點好壞的大行家，一點也不為過。現在我們分食的這盒甜點，就是昨晚某戶人家的打賞。

海吉拉嚣張地、粗暴地分享家家戶戶不同人生階段的甜蜜，卻永無慶祝自己結婚、生育、畢業、加官晉爵、開張大吉等喜悅的一日。再多的糖，再多的蜜，也無法調和自己心中那杯苦酒，她們選擇的是一個順從自身渴望而被剝奪一切人權的生命。

細細磨搗了摸索徬徨，切剁了和親人決裂時的顫抖，下鍋爆香了欲望，細火熬煮了炙熱情感，油炸了貧窮，慢煎了歧視，浸泡了旁觀紅塵俗事的冷眼，沸騰了今朝有酒的醉態，裝盤的是歌舞爛漫，叫賣的是祝福或詛咒，吃下肚的是一種吉普賽人似的生命情調，掉下來的殘渣碎屑，隨風而逝，苦澀中帶有一絲膩人甜味。

泰戈爾吟道「綠葉戀愛時變成了花，花崇拜時變成了果實。」而身為海吉拉，永無開花結果之日，踽踽獨行在充滿暴力敵意的荊棘荒原，心胸坦蕩不做惡夢，被世人漠視，煙視媚行，不受家庭社會束縛，全然自由。

「小妹子，從小，我看到女人，就和你看到女人一樣，什麼感覺都沒有。但我看到好男人，會臉紅害羞、心跳加速。」

直男常嘲笑娘砲死GAY是女生的最佳閨密，他們哪知道這種默契，是來自於我們都同樣為了男人而芳心大悅或黯然神傷。

索妮示意要我看前方一個年輕人，眨眨眼：「他多好看哪，是不是？再來一塊糖吧，親愛的。」

天生像賈寶玉一樣愛吃胭脂，索妮關起門來偷穿媽媽妹妹的沙麗，一看到亮晶晶的首飾，就像螞蟻見到糖，無法克制，陰柔媚態，輕言軟語，不知挨了多少父親毒打和同學霸凌。

讀寄宿中學時，情竇初開，他試探同寢室的男同學，絮語炙情，挽手畫眉，被校方發現，觸犯天條，立刻開除。

索妮不敢回鄉面對雷霆震怒的父母，無家可歸，流落街頭，被當地海吉拉社群納入羽翼，她們總有嗅出同類的本事。索妮換上女裝，身心舒坦，如同金蘋果掉到銀網子裡。穿了過窄過緊的鐵鞋，長途跋涉，磨出水泡膿血，終於換上一雙合腳的軟拖鞋。

泰戈爾吟道「相信愛情，即使它給你帶來悲哀，也要相信愛情。」性別角色僵化的巨靈，將孽子放逐到世界的盡頭。孤寂壓抑，偽裝良久，終於找到傾慕的知音人，真心不問性別，有靈有肉，相惜相憐，互信互助，這不就是愛情嗎？

索妮失蹤了數年，改頭換面，首度以海吉拉的裝扮回鄉，未進家門，母親先昏死了過去，父親痛心流淚，從牙縫逼出一句話：「我寧願你死了，我沒你這個兒子。」索妮撩起裙子：「我不是你的兒子，我是你的女兒。」

那是索妮最後一次見到家人。我問：「那你妹妹呢？」索妮塗滿眼線的雙眼第一次流露出悲哀：「她自殺了。」

民風保守的鄉下，家中出了個海吉拉，彷彿染了瘟疫似的生人勿近，父親活活氣死了後，賠不起高額嫁妝，沒有人家敢娶妹妹做媳婦，蹉跎青春，年歲老大，而印度是全世界最鄙視老處女的地方。

六、七零年代開始萌芽的彩虹大遊行，最先打出的標語是「Come as you were, as you are, as you want to be!」（以你以前的樣子、現在的樣子、或是想要成為的樣子，前來參與吧！）

漫漫長路，每個人畢生都在尋找認同，期望在茫茫人海中遇到一些人，或是一個就好，他會愛你想要成為的那個自己。

我們打從心裡渴慕那一個被完全接納的瞬間，所以，人有坦白一切的衝動。

「但為了歸屬感，索妮願意付出那麼高的代價哪！」我正當黯然無言之繼，來車站接我的朋友亞吉，遠遠看到索妮，簡直揮舞著拳頭衝過來，低聲吼著：「這傢伙在找你麻煩嗎？」

我連忙說：「不不，我們在車上認識的。」

加爾各答的沙塵和陽光下，索妮一身滾金邊豔紅沙麗，臉上殘妝斑駁，卻沒有任何鬍渣，嬌滴滴卻又雄糾糾，妖氣衝天，她理解似地笑笑，幾乎掐著亞吉的臉頰，厲聲調侃了兩句我聽不懂的孟加拉語粗話後，潑辣暢快，扭著身體，飄然離去，亞吉的臉唰一下就紅了。

看著索妮一身紅豔的背影，年過中年，在喜慶場合獻藝賺的賞金愈來愈少，賣淫又競爭不過年輕新肉，前途茫茫，老之將至，想來只能沿門乞討。明明是最耽溺美麗的浪漫種子，順遂本性而活，卻深陷最醜惡的現實泥沼。

穿過成群的人力車夫，踏著滿地垃圾和牛糞，坐上亞吉的車，在車陣裡卡了一小時後，我癱在亞吉老家客廳補眠，被他念個半死：「你知道海吉拉就是幫派、無業流浪漢、賣淫、乞丐、人妖這些全加起來嗎？而且很多是愛滋病帶原者！

常在火車上偷東西，快看看你錢包護照有沒有丟吧！」

他是移民英國的第四代印僑，祖上是印度第一批擁有現代高階專業工作的西化精英，牆上掛著和英國殖民官員騎大象入叢林狩獵老虎的黑白照片，豪華柚木家具伴著獸頭標本，令人彷彿回到加爾各答仍是首善之都的舊日時光。

我回嘴：「拜託，你恐同症喔？一起吃個甜食又不會傳染愛滋。」亞吉難以置信，拉長顫音：「天哪……你和海吉拉一起吃東西？」

骨子裡的婆羅門優越感，幾千年累積下來，不是念念公立學校、投票選議員、搭搭倫敦地鐵就能洗清。還好他夠意思沒把我這無知的外國人踢出那古色古香的神聖宅邸。

海吉拉疏離孤絕，通常和一般人保持距離，我想索妮破例和我聊天，一來看我是年輕外國女人，二來除了滿腔按捺不住的好奇外，我臉上並無嫌惡表情。

當然，也可能是吃了甜食給人幸福感，天生就愛聚在一起吃甜食閒嗑牙。女人嘛，到哪裡都一樣。

# 尼泊爾：酥油茶白日夢。

尼泊爾人大多溫和又幽默，我聽阿諾葛逐一翻譯當地嚮導下班後的牢騷，頓時瞭解在他們眼裡，我們這些外來觀光客像瘋子，飛過大半個地球，像收藏家似地蒐集各種經驗，只為了不枉此生，好把照相上傳到 Facebook 讓人按個讚。

峰峰相連到天邊的尼泊爾有著享譽全球的登山產業，從老少咸宜的健行散步到背氧氣瓶攀登聖母峰，各種難度的山徑一應俱全。

有些山徑是當地人的日常生活小路，自古聯結各個聚落，漫步其間可以看到居民趕著犛牛，收割青稞，或挑著一大捆柴火。

有些熱門路線蜿蜒於景色壯闊的山巔水涯，海拔高達四、五千公尺以上，山頭白雪靄靄，已全無民家，但旺季沿路仍有登山小屋提供登山客食物和住宿，高度和價格成正比，愈高愈貴，遠近馳名，像聖母峰基地營或是安那普那基地營，都是尼泊爾賺取觀光外匯的金雞母。

如果你藝高膽大錢多，不屑擠在熱門路線當個純粹來拍照行軍的肉腳觀光客，自然也可以僱挑夫嚮導，領著幾頭載滿補給的犛牛，自己規劃路線，組一隊專業遠征軍，背著冰爪冰鉤和繩索去征服崇山峻嶺，反正全球前幾大山峰都在這裡，不怕滿足不了冒險的胃口，要多高有多高，任君挑選。

大山無價，不管是菜鳥新手還是世界級的登山老手，喜馬拉雅一定會讓人腳板起水泡、頭疼欲裂，質疑自己的肺活量，並且被美景震懾到捨不得眨眼，不知不覺燃燒掉腰間永遠減不下來的游泳圈，手腳麻痺，膝蓋酸痛，筋疲力竭，然後打算下山後狂吃半打巧克力甜甜圈。

我的嚮導阿諾葛不喜歡巧克力甜甜圈，但他想喝上等的酥油茶。

所以一從高處不勝寒的山頂稜線下降到鄉間聚落，阿諾葛急急找了間茶店解饞，他說：「酥油茶要美味，一定要好好攪拌，讓茶汁和酥油融為一體，呈現乳狀，這功夫在山上沒得講究，總不能把木筒背上五千公尺的高山吧？」

雖說是茶店，就是一間燈光幽暗的簡陋房舍，我跑去後頭看女人打酥油茶。

老闆娘先把普洱茶餅或茶磚煮成濃茶汁，過濾茶渣後倒入茶罐，放一旁備用。再把濃茶汁倒入細長的酥油茶圓筒中，按一定的比例加入清水和鹽巴，然後再加入從犛牛奶提煉出的酥油，接下來是重頭戲，用力把棍子上下來回攪動大約十幾分鐘，發出「咚咚咚」的聲響，這個功夫一偷懶，酥油茶就不好喝。

守舊的人家用傳統手動的木製酥油茶筒，時髦的就用電動攪拌器，聽說西藏那邊的人家以前買洗衣機為了攪拌酥油茶，洗衣服還是照舊去河邊洗，也不知道是真是假。

「電器方便是方便，但一停了電，還是得用手打酥油茶。」老闆娘連說帶比了好一會兒，我才瞭解她的意思。

在茶店遇到其他嚮導，剛把客人毫髮無傷平安帶下山，完成任務後，每個人都鬆了一口氣，聚在這喝茶閒嗑牙，黝黑的臉上掛著滿足的笑容。

只有一個人有點忿忿不平：「我真不敢相信！我救了她的命耶……她竟然跟公司客訴我！」

眾人問：「客訴什麼？」

「因為我堅持沒時間照相了，要立刻下山，免得風雪一來，路徑封住，我們

山岳之子的心中，自古值得翻山越嶺的，只有鹽和茶，世世代代趕著犛牛隊伍沿著陡峭山壁運送物資，凍掉鼻子耳朵，雙足發黑，一踩空就掉落山谷，死傷慘重。（照片由Tenzin Yeshi提供）

這輩子就別想再喝酥油茶了。」

「唉……這些西方觀光客……尤其美國人最糟糕……」

「要攻頂，要冒險，要玩命，要刺激，不然就覺得人生空白……」

「而且一定要照相！不然回家沒法炫耀，就白來一遭。」

「對對對！還得講究光線，擺出英姿……」

「別說了……之前我一個客人為了照相差點掉下山谷……」

「還有客人因為我沒幫他照好相，回程一直臭臉生悶氣……」

尼泊爾人大多溫和又幽默，我聽阿諾葛逐一翻譯當地嚮導下班後的牢騷，頓時瞭解在他們眼裡，我們這些外來觀光客像瘋子，飛過大半個地球，像收藏家似地蒐集各種經驗，只為了不枉此生，好把照相上傳到Facebook讓人按個讚。

我插話：「你們是不是覺得登山客對照相上癮，像生了病一樣？」

他們聽了我的反應，紛紛點頭：「感覺上，懂得幫忙拍照，比登山技能還重要。」

「但我們難得來一趟，當然要照照相呀。體驗生命、做點紀念。」我說。

「體驗生命要向內求，而不是向外求。」其中一個雪巴人老嚮導，大聲喝著碗中的茶，簌簌作響，他緩緩抬起頭說：「那不是一個遙遠的他方，而是一個心靈狀態。」

他衝著我一笑，「你們照相，是因為想把這個時刻留到未來欣賞呢？還是給別人欣賞呢？那為什麼不當下就自己好好感受這個時刻呢？」

尼泊爾人是山岳之子，天性崇拜大山，山岳是神靈的居所，朝聖者甚至還會五體投地，幾步一跪、幾步一叩首，全然奉獻身心去「轉山」，提昇性靈。

所以他們實在不瞭解這些登山家冒險攀登空氣稀薄的山頂，好「征服山岳」照張相，到底是什麼意思？

疑惑歸疑惑，無論是後勤補給還是領隊嚮導，這裡人人都吃登山這行飯，質疑客人爬山的動機，無疑就是斬斷自己的生計，所以他們英文再流利，服務客人時自然不表露出來，私下自己人聚在一起喝茶時，才會彼此吐露登山客的奇人奇事，甚至奇文共欣賞。

「找自己？做自己？」

「客人在自己的家鄉，做的不是自己，那難道是別人嗎？」

「如果自己的心和身不在一起，豈不是整日在做白日夢？」

信奉藏傳佛教的雪巴人世代生長在高山地帶，無疑是天下第一的登山專家，近代所有成功「征服」喜馬拉雅高峰的登山家，背後莫不有他們默默支援的身影，像犛牛一樣吃苦耐勞，像山羊一樣熟悉山壁的落差。

雪巴人初次遇到外來的山岳冒險家時，一定會覺得莫名其妙，九死一生，登峰造極，山頂上卻只有石礫和冰雪，所為何來？

這些外國人竟然為了登上雜誌封面而玩命。

畢竟在山岳之子的心中，自古值得翻山越嶺的，只有鹽和茶，世世代代趕著犛牛隊伍沿著陡峭山壁運送物資，凍掉鼻子耳朵，雙足發黑，一踩空就掉落山谷，死傷慘重。

鹽是沒得商量的必需品，人人幹的都是重度勞力活，人不吃鹽，就等著生病。

高山高原酷寒乾燥不產茶，更沒有蔬菜水果，自然以牛羊肉和青稞大麥為主食，喝茶是十分重要的維生素來源，助消化解油膩，開胃又養生。

唐朝文成公主和親吐蕃的時候，就有無數馬隊從產地雲南經四川，把茶磚送到西藏，路途遙遠，普洱茶到了藏人手中已經發酵變味，味道更是濃郁。

煮了茶，加入鹽和酥油混合，每天喝上幾杯，能立刻攝取維生素、鹽分和油

脂，身心就舒坦了。而把酥油茶倒入炒熟的青稞粉裡，揉捏成團，就是主食糌粑。

這種飲食習慣遍布包含西藏、不丹、尼泊爾、印度的泛喜馬拉雅地區，基本上席間只要說的是藏語系方言，就絕對少不了酥油茶，喝茶在這裡不是附庸風雅，吃飽了撐著，而是在「世界屋脊」上過活不可或缺的精力湯。

喝酥油茶難於上青天，悠悠飄香了千年。只要想像古代商旅的篳路藍縷，崎嶇危徑遍布冰霜，攀爬之高，行路之遠，只為了喝上一杯酥油茶，就能理解原來現代登山客大書特書、自我感覺良好的壯遊，自古對當地人來說，其實只是不值一提的日常茶飯事。

那位雪巴老人乾枯的手像爪子一樣，看來卻十分有力，冒著青筋。他靠牆而坐，一頭白髮，瘦小強壯，數著佛珠低頭默念「唵嘛呢叭彌吽」六字真言，面前擺著一個茶碗。

阿諾葛悄悄跟我說，老人是方圓百里最出名的登山活字典，目前已經隱退，獨居修行，一心向佛，若非後輩有艱難的大遠征需要諮詢，不輕易出山見人。

對佛教徒來說，世間唯一有價值的事，就是在日常生活中，專注本心，時時提昇自己的性靈，回歸像琉璃一樣澄澈的本來面目。

六道輪迴苦，只有人能藉由修行脫離輪迴，證悟涅槃，生而為人是無上的福報，人身珍稀，機率比連中十次大樂透還難得，不好好把握，反而被心頭妄念驅使而丟掉生命，白白損失脫離輪迴的寶貴機會，無疑是白痴行為。

登山客被「看，我終於也爬上去了」的虛榮心，或是「我一定要爬上去」的好勝心蒙蔽，冒著丟掉性命的風險，只為了在鳥不生蛋的山頂上照張相，好證明些什麼，在老人的眼裡應該只是做白日夢般的無知吧。

阿諾葛遞給我一杯酥油茶，我道了謝，低頭啜飲，鹹中略帶苦澀味，色澤黃中帶褐，真有點像精力湯。

或許白日夢冒險王要多喝幾杯酥油茶，才會知道原來走遍天下尋找的，其實就是自己的身影。日日尋常的茶飯，充滿回歸內心的力量。

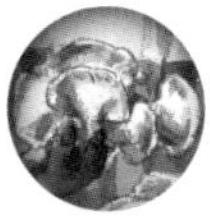

# 柬埔寨：希望之菇。

> 存錢意謂著讓學員的視線從現在轉移到未來，不但不能寅支卯糧，還要留下隔夜糧。如果當地人沒有改變的自覺，任憑外人像訓練馬戲團動物一樣揮舞鞭子，也是白費心血。

「羅德娜，你為什麼沒照約定帶錢來？」余慈薰問。

「台灣希望之芽協會」（網站：http://www.buddinghope.org.tw/）是慈薰在柬埔寨創辦的國際救援ＮＧＯ（非政府組織），除了例行的醫療義診和兒童資助以外，也著眼發展自給自足的在地農業，長期輔導村民脫貧。

每四個月一期，參與香菇脫貧計畫的家庭齊聚一堂，集體作業，花費兩個禮拜的功夫，組成一條小型的泰勒生產線，用木屑和菌種製作太空包，然後再把太空包運回家中菇寮照顧，長出香菇後，就自行摘下販賣，換取現金。

村民參與第一期香菇脫貧計畫，完全免費，接下來第二期還要參與，就要付出部分的成本。

因此打從一開始，慈薰就不斷耳提面命：「第一期的收成一定要存下部分的收入，才能負擔第二期的費用，好學會控制收支。」

希望之芽深入當地需求，計畫以社會企業的模式在當地培育一個新產業，只有願意學習製作香菇太空包，細心照料香菇的家庭能成為合作夥伴，改善經濟條件。

一年多前的香菇包製作日，慈薰滿肚子不高興，冷著臉盤問參與香菇脫貧計畫的學員羅德娜：「你上次參加了，帶回家的香菇包長得好嗎？」

「長得很好。」

「你摘下的香菇有拿去賣錢嗎？」

「有。」

「每天賺多少？」

「大約幾塊美金。」

「那每天存一點錢起來，為什麼做不到？」

「因為親戚結婚要幫忙出些錢……還有喪禮要包白包……還有……」

「主呀，請讓我保有耐心……」慈薰默默祈禱，忍住不大聲吼她：「理由我不想聽……理由永遠太多了，你有理由，別人也有理由，只是你自己選擇要不要搬出理由罷了……」

「……」羅德娜紅了眼眶。

「其他人多多少少都存了點錢，把錢帶來。你呢？兩手空空，打算怎麼辦？」

「……」羅德娜手足無措。

十個學員中，有九個帶了錢來，就只有羅德娜一個人沒帶錢。慈薰很清楚其他學員眼睜睜等著看她怎麼處理羅德娜。

大家孜孜不倦製作香菇包，把木屑加水塞入塑膠袋中，再放到大汽油桶裡，隔水加熱，高溫殺菌五、六個小時，每個人撿柴看火，都出了一身汗，也伸長耳朵聽慈薰打算如何發落。

除非讓村民學習如何使用金錢，不然永遠無法脫貧，香菇脫貧計畫不只是就業輔導，更是財務訓練。

慈薰大感無奈，心中來回盤算：「好說歹說，羅德娜還是當作馬耳東風，那就讓她承擔後果，剔除參加資格。不然，先例一開，對乖乖聽話的九個人一點都不公平。難道遵守遊戲規則的人全是傻子嗎？」

若只來柬埔寨短短幾天，慈薰當然可以活在自己是慈心天使的假象裡，連說話音量都捨不得提高，滿面帶笑，足不點地，彷彿後背有一對雪白的羽毛翅膀要好好愛惜。

但是長期在地服務，不踩著滿地泥濘就無法深入真實的日常生活，只顧著自我感覺良好一定成不了事，不扮黑臉，就沒有紀律，大家一起和稀泥。

「免費的不值錢，希望之芽協會的經費來自捐款，人力物力都是有限的，學員不需付出代價，就不會珍惜參加的機會……」慈薰回想著徙木立信的成語故事，鐵了心，對羅德娜搖搖頭：「提醒過很多次了，第一次免費，接下來沒帶錢來，就不能帶香菇包回家。」

她還提高了音量：「不然我一定找上門討債，有豬抓豬，有雞抓雞。」

「……」羅德娜很驚訝眼淚沒辦法讓慈薰心軟，她就那麼公事公辦？

慈薰的堅持是有原因的，在地發展一個成功的商業模式已經不簡單了，教會村民更是難上加難，村民永遠有各種理由。

人的行為思想被身處的時空所塑造，乍聽之下再怪異荒謬的理由，稍微掘深一點都會觸及根本的文化差異，就算希望之芽請來瑪格麗特・米德（Margaret Mead）或克利福德・格爾茨（Clifford Geertz）這些世界級的人類學大師當顧問，也很難決定外國人到底應該介入到什麼地步。

一牽涉到文化差異，就無關是非對錯，沒有黑與白，只有無邊無際的灰色地帶，你的美酒可能是我的毒藥。

慈薰待久了也會疑惑，憑什麼她自覺那麼聰明，有資格告訴當地人該怎麼做呢？但是，若不能堅持己見，今天退一步，明天退兩步，到底要退到哪裡去？那條界線總要有人來劃吧？

願神賜與她耐心，耐心，無比的耐心，這裡的步調就是那麼緩慢，臺灣人就算急到心臟病發，當地人只會覺得莫名其妙而已。

慈薰話雖然說得狠，心裡卻有點慌，香菇的現金收入對赤貧的家庭來說，是挨餓與不挨餓的差別。那羅德娜的小孫女吃什麼？

話說白一點，讓不讓羅德娜參加，對她不過是在文件上打個勾勾罷了。說不定在羅德娜眼裡，慈薰成了自己最討厭的那種官僚。

不是斤斤計較那幾十塊美金，而是她若不表明立場，其他人有樣學樣，以後更難推動其他計畫。

於是她藏起左右為難的徬徨，戴上說一不二的撲克臉。

但慈薰其實也只是嗓門大了些，刀子嘴豆腐心，她沒十足把握自己到最後會不會變卦，一時心軟再讓羅德娜破例參加。

不過慈薰的兩難並沒有持續多久。

九個人眼看慈薰轉身不理會羅德娜的哭哭啼啼，私下集合討論，默默開了會，派出代表，怯怯地問慈薰：「那些香菇包是要給我們的，對不對？」

慈薰說：「對。」

「所以我們可以全部帶回家，對不對？」

「對。」

「只要香菇長得出來，就隨我們販賣，對不對？」

「對。」

「只要香菇長得好，放在哪裡都可以，對不對？」

「對。」

「人有困難時，應該互相幫助，對不對？」

「對。」

「既然香菇包是我們的，那我們可以分一些香菇包給羅德娜，對不對？」

「咦……」慈薰吃一驚，萬萬沒料到她們會來這一招。

「我們每個人分二十包給羅德娜，那她也有香菇包啦。」

慈薰被她們的提案嚇了一跳，有繳錢的學員竟然不抗議羅德娜沒帶錢來，反而主動提議要把香菇包分給她。

慈薰一時說不出話來：「……」

「拜託，大家分一分，香菇包是夠的呀。」其他學員央求。

慈薰頓時佩服起她們來。

這些家徒四壁的女人，竟然那麼大方！

天下沒有什麼比窮人的慷慨更動人。

慈薰仔細想了想：「這沒有違反規定，而且羅德娜有香菇賣錢，才能存錢回來參加下一期……」

於是她收起心中的感動，清了清喉嚨：「這是你們的香菇包，你們願意的話，可以分給她，我不管。不過羅德娜如果沒存到錢，以後還是不能參加。」

慈薰放假回臺灣，找我閒嗑牙：「給了羅德娜，自己就少了。她們明明知道香菇包等同於現金收入呀。說到底，真是一群純樸善良的人。」

鄉村婦女間的互助合作倒比較不讓我驚訝，我反而對希望之芽的工作感佩萬分。富人和窮人的時間感不一樣，窮人沒辦法奢言未來，只能隨便湊合著手邊資源，努力延續眼前這一刻。

存錢意謂著讓學員的視線從現在轉移到未來，不但不能寅支卯糧，還要留下隔夜糧。如果當地人沒有改變的自覺，任憑外人像訓練馬戲團動物一樣揮舞鞭子，也是白費心血。

「關鍵在於，讓學員們閉眼想像，親口許諾自己一個充滿希望的未來。」相信自己的能力，好好種香菇，未來就能請和尚來家誦經祝福，負擔婚宴的髮妝禮服，頂下一個雜貨涼水攤，買了機車就不用再踩腳踏車了，說不定，還能擁有一對耳環或手環。

靠擺出可憐樣博取同情的人往往不會進步，因為他們學到要夠可憐，才能爭取到接下來的資源。從長期來看，希望之芽不信「因為你好可憐，所以我要幫你」這一套，而是讓學員主動負起照顧自己的責任，使希望成真。

這實在讓我好奇不已，終於飛到柬埔寨一探究竟。

羅德娜一大早起床，一邊赤腳爬下高腳屋的梯子，一邊暗自慶幸連著下了兩、三天的雨，新冒出的菇多了不少。

她穿了拖鞋，走入屋後一間用竹子和棕櫚葉搭成的小草屋。陰暗的菇寮內，竹竿上掛著一串串橫躺的香菇太空包，像一面搖晃的牆，開口上綻放著一朵朵乳白的平菇，羅德娜拿了桶子，快手快腳全摘了下來。

剛摘了大半桶，外燴總舖師的人早已等在門口，今天中午村子裡的喜宴有道菜就是炒香菇。

「香菇全被你們包下了，其他客人都抱怨買不到。」羅德娜一邊秤重，一邊算錢。

「這幾天日子好，喜宴多，主人如果不買比較少見的食材，來吃喜酒的賓客捨不得包大紅包。」

兩人哈哈大笑，嚇醒了一旁曬太陽的貓。

香菇賣掉後，羅德娜隨手清除了太空包口殘留下的香菇蒂頭，接下來新的菇才好生長，再提了桶水來沖溼菇寮的泥土地，好維持溼度。幸好她的菇寮蓋在一棵大芒果樹下，避開了直射的陽光，香菇長得比誰都好。

最後她瞇著眼睛確認了溫度計，削了尖鉛筆，將剛剛做成的生意照著斤兩、營業額小心翼翼全記錄在報表上，當然溫度也要寫清楚，她好不容易才學會看溫度計。

「哇哇……」羅德娜的小孫女醒了，正在啼哭，她立刻從菇農變回家庭主婦，回到屋裡照料孫女。

不一會兒，羅德娜將孫女背在肩上，在豬圈忙著餵豬。豬圈很通風，沒有一點味道，幾隻粉紅色的小豬吸著鼻子叫，豬蹄踩在水盆裡消暑，捲捲的豬尾巴搖得很歡快。

她身形矮小黝黑，遠看像一個皺皮的大孩子背著小孩子。羅德娜那個年代的柬埔寨人，個子都不高。

怎麼可能長得高？沒餓死就是佛祖保佑。

柬埔寨在冷戰期間處於美蘇兩大陣營的夾縫中，被視為越戰戰場的延伸，自六零年代到九零年代，歷經軍事政變、內戰、紅高棉屠殺等等社會動盪，羅德娜當時年紀小，她根本不懂複雜的政治大風吹，但她記得大人帶著小孩悄悄去森林裡找昆蟲、野菜、野菇吃。

找到了就直接吞下肚，生吃，一方面是沒力氣生火，另一方面是如果炊煙引來上頭盤問，就是死路一條。

「野菇很好吃，但要懂得分辨哪些有毒，哪些沒毒。」大人聲聲告誡。羅德娜還來不及學會怎麼分辨毒菇，一家人就被拆散了，大人被送到營裡勞動，不曾再回來過。紅高棉通常用鋤頭處決犯人，因為子彈太貴。

小小的羅德娜獨自採了野菇，想吃又不敢吃，猶豫再三，最後決定吃土。每四個人就有一個人喪生，那是個老一輩不想重提、年輕一代不能想像的瘋狂年代。

現在年輕人再辛苦就是到國外當家庭幫傭或是建築工人，把小孩丟給老人帶，卻不見得把薪水寄回來。

以前只能指望在泰國工作的兒子偶爾記得寄錢回家，羅德娜不用再痴痴等匯票了，她的香菇生意帶來的現金流，起碼不會讓她和孫女挨餓。

比起下田，照顧香菇是很輕巧的活兒，不用除草下肥，也不需擔心病蟲害，連銷售通路都不用傷腦筋，每天早晚摘兩次，放在籃子裡提到路上去，走沒幾步，自然有鄰居買單，甚至客人常自己找上門。

羅德娜一開始對希望之芽的香菇脫貧計畫也是半信半疑，一直到在磚窯場挑磚傷了背，全無進帳，才無可奈何加入，算是沒有辦法的辦法。

援外計畫往往缺乏長遠規劃，大多是短期的一頭熱，缺乏文化敏感度的援外工作人員無意間流露出的施恩態度，也往往讓當地人消受不起。

再者，就是對當地需求的無知。援外工作人員的經驗技能不見得管用，人嬌肉貴，食衣住行樣樣要人照顧，製造的麻煩遠比幫助多得多。而且帶來的援助不一定是當地人需要的。

「沒水沒電的地方，要電腦博士來教電腦做什麼？」

「什麼？你要來教小朋友英文？開玩笑，這時節我孩子要下田插秧，不然哪有稻子可以收割？沒空陪你。」

大家孜孜不倦製作香菇包，把木屑加水塞入塑膠袋中，再放到大汽油桶裡，隔水加熱，高溫殺菌五、六個小時，每個人撿柴看火，都出了一身汗。

所以當地人對援外計畫，往往抱持著狐疑的觀望態度，保守又退縮。希望之芽的當地員工也說：「就連我這個當地人一開始也很難說服他們。」

好不容易軍事營區願意出借場地，希望之芽的員工帶領願意參與的村民製作香菇太空包，慈薰這才明白聚集一堂的婦女都是瘋狂年代的倖存者，見證了二十世紀後半最血腥的暴力。

集體創傷症候群的症狀就是消極。

當你手無寸鐵遇到瘋子時，最好的自衛方法就是離得遠遠的。漠然是隔離瘋狂、保護自己的最好方法。

親身體驗過這種瘋狂的人，不再相信權威、不再相信官方、不再相信社會體制，不再相信任何人或任何東西。對什麼事都提不起勁。

既然一夕之間可能失去所有財產，連生命都像豔陽下落在旱地的水滴一樣立刻蒸發，到底有什麼好努力的？

如果曾經活在一個沒有學校、沒有機車、沒有道路、孩子死於飢餓、貨幣淪為廢紙的混亂世界，那何必錙銖必較，攢錢買機車好送孩子上學？

努力的前提，是因為未來有希望。沒人有把握能平安看到明天的太陽，夜裡缺糧餓慌了去森林採野菇都可能踩到地雷。那麼，何必想那麼多？

她們認為希望是一盞燈，在黑暗中點燈，只會讓自己成為槍靶子，於是在長期戰亂中她們學會漠然認命，適應了黑暗，不渴求不計畫不準備，不抱任何希望。

一旦沾染這種心態，就像患了小兒麻痺一樣，永遠站不起來。

因此讓村民改變消極態度，是比什麼都困難的事情。工作人員挨家挨戶拜訪村中最弱勢的家庭：「香菇可以自己吃，也可以賣。來學吧。」

「阿姨，今天不來嗎？什麼，沒空？田裡的工作可以等一下呀。」

「不會成功？哎呀……不試試怎麼知道呢？沒經驗？就是沒經驗才要學呀。」

給魚比教人釣魚要簡單得多，這年頭還用不著給鮮魚，幾箱滯銷的魚罐頭就能換來廉價的感謝，讓贊助人的自我感覺好到破表，而忘了無條件送錢送衣送鞋送糧食，只會加速摧毀當地產業，百業蕭條，當地人失去生計和動機，更加無所事事，成了依賴成性的伸手牌。

教人釣魚其實吃力不討好，從釣竿魚餌、甩竿技巧、水域生態、販賣通路都要費心，嘮嘮叨叨，教一次教兩次教三次，村民不見得了解外國傻子背後的苦心。

「貧窮不是沒有錢，真正的貧窮是失去創意和行動力。」過多的國際援助只會讓柬埔寨變成一個巨型的乞丐缽，一千五百萬張嗷嗷待哺的嘴，而不是三千萬隻做事的手。

這些新手菇農是一群中老年的阿姨伯母婆婆媽媽，在以屠殺知識分子為樂的波布政權下成長，連戴眼鏡都是該死的罪過，她們缺乏基礎教育，不太識字，也不怎麼會基本的算術。

要怎麼對連溫度計都沒看過的人，解釋溫度和溼度對香菇生長的影響呢？

小孩光著屁股在泥地上爬，廚房就是一個露天土灶，幾隻雞踩在待洗的鍋碗裡啄來啄去。你說殺菌是什麼意思？

時間看不見摸不著，對日出而作日落而息的人來說，準不準時有什麼大不了？學員害羞寡言，面對一門新知識往往缺乏自信，無法察覺出了什麼問題，就算心有疑惑，也不知從何開口問起。

看著香菇包就像沒生命的水泥袋一樣，什麼都長不出，慈薰前後思量，終於想出結論：「與其培養香菇，不如先培養菇農」。

希望之芽一開始就打算先做一門不賺錢的爛生意，秉持社工專業，不惜時間力氣下田野追著每個案例跑，一對一到府輔導，打破沙鍋問到底，在第一線蹲點，直接觀察並且解決問題，不只在乎數據，更在乎人。

菇寮要搭在樹下，太熱要撒水降溫，要去哪裡取得乾淨的水，香菇包的開口角度要傾斜，懸掛的包數不能太多，修復被颱風刮掉的屋頂時，乾脆留些空隙好通風，經過不間斷的家庭訪問，溝通再溝通，累積了無數影響香菇生長的關鍵細節。

最先收穫的不是香菇，而是學員的信任。學員信任了，才會乖乖聽話照做，態度對了，就什麼都對了。經過夠多的失敗和失望，天可憐見，上帝保佑，香菇終於一朵一朵冒出來了。

香菇就在屋後，能隨時兼顧家庭，做家事照顧小孩，徹底融入生活脈絡，增加當地的飲食選擇，鄰居街坊也很高興常常有新鮮的香菇可以買。

家庭即農場，自產自銷，產地直送，包產到戶。屋後菇寮內兩百包的太空包，一個月可以帶來幾十塊美金的外快，是生活在貧窮線以上和以下的差別。

初步證明商業模式可行後，希望之芽已經買下一塊地，打算建造一個作業場，擴大規模。若將來香菇數量穩定成長，除了當地村民的消費外，也可以直接賣給暹粒的飯店和旅館。世界七大奇景之一的吳哥窟，每年帶來千百萬的遊客，完全不愁沒銷路。

菇農親手收下顧客的錢和稱讚，有時還得陪沒買到的顧客一同惋惜：「唉，你早點來就好了，剛剛都賣光了。」於是更加認真照料香菇，試著存錢以便下期買回更多太空包，抬頭挺胸，也會主動詢問各種問題了。

看著她們齊聚一堂製作太空包，一面聊在國外的兒子又忘了寄錢回家，兄弟小生意愈做愈虧，借了微型貸款還不出來，或是孫子在外騎車撞了人，只好幫忙賠償，丈夫生病受傷，拖垮家計。

這裡的男人不太會幫女人解決問題，這裡的男人常常是女人的問題。男人往往有各式各樣的理由去死，留下女人負擔家計，為了讓家人活著而活著。

年華老去的羅德娜不再數落愛喝酒的丈夫，他一喝酒就不見人影，她只遺憾當新娘時沒得穿色彩鮮豔的絲織刺繡嫁衣，只能穿全黑的粗布衣褲，當然也沒有任何首飾，像一隻禿毛的烏鴉。紅高棉禁絕了所有傳統，也禁絕了女人一生一次的美麗。

香菇經濟價值高，是轉手快速的現金作物。每天都有點零星進帳，維持穩定的現金流，點滴攢下來的錢可買一隻四十美金的小豬，持續用賣香菇的錢來買飼料養豬，三個月後小豬長成大豬，零存整付，賣掉可得到將近兩百美元的進帳。

只要絕對不拿土地去借高利貸，嚴格控制收支平衡，重複循環幾次，穩定增加香菇太空包和豬隻的數量，成功脫貧不是不可能的事情。

村民喜歡炒香菇，或是煮清甜的香菇魚湯。香菇算是比較稀有的食材，常常出現在婚宴上。每逢黃道吉日，羅德娜總要留香菇給總舖師。

暗無天日的菇寮內，一朵一朵冒出來的不只是香菇，而是將命運掌握在手中的篤定感，和對更好生活的希望。

誰知道，原來黑暗中還是可以長出希望來呢！食物總是有這種力量。只有食物有這種力量。香菇帶來安全感，不用伸手求人，能夠自給自足，不但能買米下鍋，親友結婚去吃喜酒，也不怕包不出紅包。

一個村子就是一個大家庭，每個人都是親戚，羅德娜中午當然也會去吃喜酒。她圍著一塊沙龍在戶外水井旁洗澡，芭蕉樹很巧妙地擋住旁人的視線。

我問：「你們也要包紅包嗎？臺灣也有類似的習俗。」

「要的。」

「包多少？」我好奇。

「不一定，一個人大約五塊或十塊美金，看交情……嗯……還要看菜色。」

柬埔寨人出席婚宴都穿著隆重，彷彿要去選美，羅德娜剛洗了頭，頭髮還溼溼的，忙著打扮。

婚宴是在田邊的一個橘色棚子裡舉行，後方有總舖師切切剁剁，攪拌巨大的湯鍋。

圍著圓桌入座後，我有點驚訝柬埔寨人吃喜酒時，使用筷子的技術那麼高超，有冷盤，有烤雞沾魚醬，有牛肉薄片，其中一道香菇炒肉絲，三兩下就盤底朝天，吃下肚的香菇應該有些就是羅德娜親手種的。

羅德娜換上體面的鮮豔衣裙，盤起髮髻，戴了一副鍍金耳環。大家驚豔不已，都說從來沒看過她穿得那麼漂亮。

羅德娜不是援外組織文件上又一個面目模糊的救濟對象，彷彿除了貧窮，配不上別的形容詞。

她是母親，祖母，生產食物的農人，做生意的商人，成長中的自營業者，正在學習的實業家；她愛美，有時喜歡打扮打扮，在婚宴上灌飽啤酒，忘了害羞就會下場跳舞，朗聲大笑，席間吃到自己種的香菇，驕傲得滿臉紅光。

「哇……你比新娘還漂亮耶……這對耳環是新買的嗎？」我問。

「對。剛賣了一頭成豬，手頭鬆了點，我終於給自己買了一對耳環。」

「算是送給自己的禮物囉？」

「是的。我從來不曾擁有任何首飾。我好久以前就希望有一對耳環。」

「你還有其他的希望嗎？」

「當然，還有很多很多希望。」

Style 13

# 在異國餐桌上旅行

跟著食物旅行家遊走世界，與當地人同桌共食，聽生命故事佐餐

作　　者——張健芳
責任編輯——曾曉玲

版 權 部——翁靜如、吳亭儀
行銷業務——林彥伶、石一志
總 編 輯——何宜珍
總 經 理——彭之琬
發 行 人——何飛鵬

法律顧問——台英國際商務法律事務所　羅明通律師
出　　版——商周出版
臺北市中山區民生東路二段141號9樓
電話：(02) 2500-7008　傳真：(02) 2500-7759
E-mail：bwp.service@cite.com.tw
發　　行——英屬蓋曼群島商家庭傳媒股份有限公司城邦分公司
臺北市中山區民生東路二段141號2樓
讀者服務專線：0800-020-299　24小時傳真服務：(02)2517-0999
讀者服務信箱E-mail：cs@cite.com.tw
劃撥帳號——19833503　戶名：英屬蓋曼群島商家庭傳媒股份有限公司城邦分公司
訂購服務——書虫股份有限公司客服專線：(02)2500-7718；2500-7719
服務時間——週一至週五上午09:30-12:00；下午13:30-17:00
24小時傳真專線：(02)2500-1990；2500-1991
劃撥帳號：19863813　戶名：書虫股份有限公司
E-mail：service@readingclub.com.tw
香港發行所——城邦(香港)出版集團有限公司
香港灣仔駱克道193號東超商業中心1樓
電話：(852) 2508 6231傳真：(852) 2578 9337
馬新發行所——城邦(馬新)出版集團
Cité (M) Sdn. Bhd. (458372U) 11, Jalan 30D/146, Desa Tasik, Sungai Besi,
57000 Kuala Lumpur, Malaysia.
電話：603-90563833　傳真：603-90562833
行政院新聞局北市業字第913號

美術設計——copy
插　　圖——廖韡設計工作室 www.liaoweigraphic.com
印　　刷——卡樂彩色製版印刷有限公司
總 經 銷——高見文化行銷股份有限公司　電話：(02)2668-9005　傳真：(02)2668-9790

2015年（民104）9月8日初版　Printed in Taiwan　定價320元
2018年（民107）7月9日初版3刷
　978-986-272-859-8
商周出版部落格——http://bwp25007008.pixnet.net/blog

國家圖書館出版品預行編目

在異國餐桌上旅行 / 張健芳著. -- 初版. -- 臺北市 : 商周出版 : 家庭傳媒城邦分公司發行,
民104.09　256面；　14.8x21公分. --（Style）ISBN 978-986-272-859-8（平裝）

1. 旅遊文學　2. 世界地理　　719　　104014126

STYLE

STYLE